...LES INTERNATIONALES,

DE LA

...NCLATURE BOTANIQUE

ADOPTÉES PAR LE
...INTERNATIONAL DE BOTANIQUE DE VIENNE 1905
...XIÈME ÉDITION MISE AU POINT D'APRÈS LES
...SIONS DU CONGRÈS INTERNATIONAL DE
BOTANIQUE DE BRUXELLES 1910
...NOM DE LA COMMISSION DE RÉDACTION DU CONGRÈS

PAR

JOHN BRIQUET

RAPPORTEUR GÉNÉRAL

...NTERNATIONAL RULES
...OTANICAL NOMENCLATURE

...ED BY THE INTERNATIONAL BOTANICAL CONGRESSES
OF VIENNA 1905 AND BRUSSELS 1910

...NTERNATIONALE REGELN
...R BOTANISCHEN NOMENCLATUR

...MEN VON DEN INTERNATIONALEN BOTANISCHEN KONGRESSEN
ZU WIEN 1905 UND BRÜSSEL 1910

JENA
VERLAG VON GUSTAV FISCHER
1912

RÈGLES INTERNATIONALES

DE LA

NOMENCLATURE BOTANIQUE

ADOPTÉES PAR LE

CONGRÈS INTERNATIONAL DE BOTANIQUE DE VIENNE 1905

DEUXIÈME ÉDITION MISE AU POINT D'APRÈS LES
DÉCISIONS DU CONGRÈS INTERNATIONAL DE
BOTANIQUE DE BRUXELLES 1910

PUBLIÉE AU NOM DE LA COMMISSION DE RÉDACTION DU CONGRÈS

PAR

JOHN BRIQUET

RAPPORTEUR GÉNÉRAL

INTERNATIONAL RULES
OF BOTANICAL NOMENCLATURE

ADOPTED BY THE INTERNATIONAL BOTANICAL CONCRESSES
OF VIENNA 1905 AND BRUSSELS 1910

INTERNATIONALE REGELN
DER BOTANISCHEN NOMENCLATUR

ANGENOMMEN VON DEN INTERNATIONALEN BOTANISCHEN KONGRESSEN
ZU WIEN 1905 UND BRÜSSEL 1910

JENA
VERLAG VON GUSTAV FISCHER
1912

Table des Matières.

—

Avis — Notice — Bemerkung.

Le lecteur trouvera le compte rendu des débats qui ont abouti à l'adoption des Règles internationales de la Nomenclature botanique dans les deux publications suivantes:

The reader will find a report on the debates which have led to the adoption of the international rules of botanical Nomenclature in the following publications:

Der Bericht über den Verlauf der Beratungen, deren Ergebnis die vorliegenden Nomenclaturregeln bilden, findet sich in den folgenden Publikationen:

1. Verhandlungen des internationalen botanischen Kongresses in Wien 1905 — Actes du Congrès international de Botanique tenu à Vienne (Autriche) 1905, pp. 81—141. Jena 1906, G. Fischer éd.

2. Actes du Congrès international de Botanique, Bruxelles 1910, Vol. I. Compte rendu des séances du Congrès pp. 43—87. Bruxelles 1912, A. Delveck éd.

Avant-propos de la première édition.

Le langage technique dont se servent les botanistes pour désigner les innom-
brables groupes que la science systématique a fait connaître remonte essentiellement
à Linné qui, dans ses Fundamenta et son Philosophia botanica, en a énoncé
les principes, tandis qu'il les appliquait dans les ouvrages fondamentaux que sont le
Genera et le Species plantarum, le Systema Naturae et autres classiques.

Mais la quantité des faits découverts depuis le milieu du XVIIᵐᵉ siècle a
augmenté dans des proportions si prodigieuses, le nombre des chercheurs et de leurs
publications s'est tellement accru, le sens de l'exactitude s'est à ce point développé
que, à plusieurs reprises, le besoin s'est fait sentir de modifier, d'étendre, de préciser,
enfin de coordonner les principes et les règles primitivement posés par Linné. C'est
ainsi que, après plusieurs tentatives isolées d'amendement et de codification, le Congrès
international de Botanique réuni à Paris en 1867 fut amené à discuter et à adopter
sans modifications importantes un recueil de Lois de la Nomenclature botanique
élaboré avec un soin et une compétence universellement reconnus par l'illustre Alphonse de Candolle.

Bien que l'acceptation des Lois de 1867 n'ait pas été universelle, elle a cependant été assez générale pour que celles-ci aient servi de base à la plupart des travaux
de botanique systématique publiés depuis lors. Les services rendus à la science par
Alph. de Candolle et par le Congrès de 1867 sont donc incontestables et doivent être
hautement proclamés. Mais, comme toutes les institutions humaines, les Lois de 1867
étaient perfectibles. Les lacunes qu'elles présentaient — dont quelques unes très
grosses de conséquences (par exemple l'omission d'une date précise comme point de
départ de la nomenclature) — amenèrent Alph. de Candolle lui-même à proposer en
1883, dans ses Nouvelles remarques sur la Nomenclature botanique, une
série d'amendements importants. Plusieurs articles étaient d'ailleurs interprétés ou
appliqués de façons différentes par divers auteurs ou diverses écoles. Aussi, lorsque,
en 1891, O. Kuntze publia son Revisio generum plantarum, la confusion devint
générale. Dans cet ouvrage, d'une très grande érudition, l'auteur adoptait pour la
nomenclature un point de départ différent de celui proposé pour les plantes vasculaires
par Alphonse de Candolle; il énonçait et appliquait une série de règles nouvelles;
enfin en appliquant rigoureusement certains des principes de 1867, il aboutissait au
changement d'environ 30000 noms de plantes. Les polémiques acharnées qui se
sont livrées autour de l'œuvre de O. Kuntze, les motions de tout genre qu'elles
ont fait surgir, l'application de règles particulières destinées à développer ou à mettre
un frein aux changements introduits par O. Kuntze, tout cela a contribué avec les

publications ultérieures de cet auteur lui-même, à transformer la nomenclature botanique en un véritable chaos. Les choses en sont arrivées au point que certaines
flores ou monographies sont devenues absolument inintelligibles pour le commun des
botanistes, sans l'emploi de dictionnaires spéciaux, ceux-ci ne suffisant pas même
toujours à une interprétation satisfaisante.

L'essai fait en 1892 au Congrès international de Botanique de Gênes de
régler certains points importants n'a pas entièrement répondu à l'attente: il fallait,
pour obtenir un accord général, reprendre les règles dans leur ensemble. Cependant,
plusieurs des décisions prises à Gênes ont été maintenues par le Congrès de 1905,
de sorte que l'œuvre partielle exécutée à cette époque n'a pas été vaine.

En 1900, le Congrès de Paris décida que la revision des Lois de la nomenclature de 1867 constituerait une des tâches des assises internationales de 1905.
Sans vouloir refaire l'historique des préliminaires du Congrès de 1905, il y a lieu de
rappeler ici que les travaux de la Commission internationale de nomenclature botanique, instituée à cet effet, et du rapporteur général ont été résumés dans le Texte
synoptique des documents destinés à servir de base aux débats du Congrès international de Nomenclature botanique de Vienne 1905, rédigé et
présenté au nom de la Commission par le rapporteur M. le Dr. Briquet.

Après des débats poursuivis pendant six séances sur la base du Texte synoptique — débats dont le détail figure ailleurs dans les Actes du Congrès —
une Commission de rédaction fut nommée (17 juin 1905) pour élaborer le texte des
décisions prises en matière de nomenclature. Cette Commission se composait de
MM. Ch. Flahault (Montpellier), A. B. Rendle (Londres), H. Harms (Berlin) et
du rapporteur général J. Briquet (Genève).

La tâche de la Commission devait consister dans: la revision rédactionnelle et
la coordination minutieuse des décisions prises, le classement rationnel des matières,
le choix d'exemples destinés à rendre le dexte parfaitement clair.

Cette tâche, que la pratique a montré être beaucoup plus longue et plus
difficile qu'il ne paraissait au premier abord, a été accomplie sous la forme suivante.

Le rapporteur général, M. Briquet, a d'abord élaboré un premier texte
français des nouvelles règles et recommandations, en suivant exactement le procès-
verbal français du secrétaire du Congrès, M. Henri Romieux, les notes du secrétaire anglais, M. Knoche, le compte-rendu sténographique allemand et les notes
prises par lui-même au cours des débats. Ce texte, accompagné d'une concordance
avec les Lois de 1867, a ensuite été soumis aux trois autres membres de la Commission, pour étude critique et traduction en anglais (M. Rendle) et en allemand
(M. Harms). Le rapporteur a, sur le vu des réponses de ses collègues, modifié le
texte français primitif en tenant compte des propositions des autres membres de la
Commission. Puis ces modifications ont été soumises à nouveau à la Commission et
introduites dans les textes anglais et allemand. Enfin, les épreuves du tout ont passé
sous les yeux de tous les membres de la Commission au cours de l'impression.

Le travail que la Commission de rédaction présente aujourd'hui aux botanistes
est donc une œuvre collective. Le texte français, rédigé par M. Briquet, fait foi

en cas de doute sur l'interprétation des textes anglais et allemand. Ces deux derniers textes ont pour auteurs M. Rendle et M. Harms. La liste des noms de genres à conserver a été mise au point (citations, corrections typographiques etc.) par M. Harms, qui en est l'auteur. L'index analytique a été rédigé par M. Briquet, ainsi que la concordance. Cette dernière renferme en outre la liste et la justification des modifications que la Commission a introduites dans le texte voté par le Congrès en vertu des pouvoirs qui lui ont été donnés le 17 juin 1905.

L'ordre dans lequel se suivent les trois textes français, anglais et allemand est celui qui a été adopté dans la dernière édition des Règles internationales de la nomenclature zoologique (1905).

15 février 1906.

La Commission de rédaction:

J. Briquet, Ch. Flahault, H. Harms, A. B. Rendle.

Avant-propos de la deuxième édition.

Le Congrès international de Botanique tenu à Vienne en 1905 avait renvoyé au Congrès de Bruxelles 1910 l'examen d'un certain nombre de questions dont la solution exigeait de nouvelles études. Les travaux préparatoires des Commissions et du Rapporteur ont été résumés dans un Recueil[1]) qui a servi de base aux débats de la section de nomenclature botanique du Congrès de Bruxelles[1]). Au cours de cinq laborieuses séances (16—18 mai 1911), quelques modifications et un certain nombre d'additions aux Règles de 1905 ont été adoptées. Ces modifications et additions ont été renvoyées à une commission de rédaction composée de MM. H. Harms (Berlin), L. Mangin (Paris), A. B. Rendle (Londres) et du rapporteur général J. Briquet (Genève), avec mission de les revoir, de les insérer dans le corps des Règles de 1905 et de les accompagner d'exemples caractéristiques.

Cette tâche a été exécutée d'après les mêmes principes qui ont présidé à l'élaboration de la première édition des Règles.

---

1) Recueil des documents destinés à servir de base aux débats de la section de nomenclature systématique de Congrès international de Botanique de Bruxelles 1910, présenté au nom du Bureau permanent de nomenclature et des Commissions de nomenclature cryptogamique et paléobotanique, par John Briquet, rapporteur général. 59 p. in-4°. Berlin 1910. Friedländer éd.

Le rapporteur général, M. Briquet, a élaboré le texte français, en suivant exactement le compte rendu des séances de la section de nomenclature du Congrès de Bruxelles et en tenant compte des remarques qui lui ont été suggérées par les autres nombres de la Commission. Le texte anglais a été traduit par M. Rendle, le texte allemand par M. Harms. Les épreuves ont été soumises à tous les membres de la Commission.

Nous avons ajouté à la concordance des Lois de la nomenclature botanique de 1867 et des Règles et Recommandations de 1905 un bref aperçu des articles modifiés ou nouveaux, rédigé sur le plan de la concordance, de façon à permettre au lecteur de se rendre compte rapidement des changements que la seconde édition des Règles présente par rapport à la précédente. Enfin, M. Briquet a revu et mis au point l'index analytique.

La numérotation primitive des articles et recommandations a été maintenue, les prescriptions nouvelles étant intercalées avec les désignations *bis*, *ter* etc. Dans la liste de nomina utique conservanda pour les Phanérogames, les éléments de la liste supplémentaire adoptée par le Congrès de 1910 ont été mis à leur place et sont reconnaissables à l'astérisque qui les précède.

La justification des modifications et additions se trouve dans le compte rendu des débats de la section de Nomenclature du Congrès de Bruxelles, auquel nous renvoyons le lecteur.

1 mai 1911.

La Commission de rédaction:

J. Briquet, H. Harms, L. Mangin, A. B. Rendle.

1. Concordance des Lois de la Nomenclature botanique de 1867 et des Règles et Recommandations de 1905.

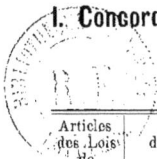

Articles des Lois de 1867	Articles des Règles de 1905	Observations
1	1	Pas de changement.
	2	Les Lois de 1867 ne distinguaient pas nettement entre les principes, les règles et les recommandations, d'où une source d'obscurité dans plusieurs cas et de fréquentes discussions. Le Congrès de 1905 a comblé cette lacune.
2	3	Pas de changement, sauf l'addition des mots »simples et«.
3	4	Pas de changement.
4	5	Pas de changement.
5	6	L'art. 28, 10° des Lois de 1867 recommandait d'»éviter de faire choix de noms qui existent en zoologie«. Cette recommandation a été abolie par le Congrès de 1905, d'où l'addition d'un second membre de phrase dans cet article.
6	7	Le Congrès de 1905 a ajouté les mots »pour tous les groupes«, plusieurs auteurs ayant cru pouvoir créer des noms de groupes supérieurs aux genres dans des langues modernes.
7	8	Pas de changement.
	9	Principe qui n'avait pas été explicitement énoncé par les Lois de 1867.
8	10	Le Congrès de 1905 a adopté les termes *Ordo* et *Subordo*, au lieu de *Cohors* et *Subcohors*; *Ordo* n'est plus synonyme de *Familia*.
9	11	Les *variations* et *sous-variations* des Lois de 1867 sont maintenant appelées des *formes*.
10	12	*Subordo* n'est plus synonyme de *Subfamilia*. Les autres changements sont la conséquence des art. 10 et 11. Le Congrès de 1905 a reconnu la faculté d'intercaler dans la série hiérarchique d'autres groupes lorsque la série réglementaire ne suffit pas.

Articles des Lois de 1867	Articles des Règles de 1905	Observations
11	13	Pas de changement.
12	14	Pas de changement.
13	Rec. I	Les articles 13 et 14 des Lois de 1867 ont été transformés en recommandation par le Congrès de 1905. Tout
14	Rec. I	ce qui a trait à la définition des semis et des lusus a été supprimé; la note relative aux métis faisait double emploi avec l'art. 14 (ancien art. 12).
15	15	Article modifié par le Congrès de 1905 pour le mettre d'accord avec les nouveaux articles 19 et 20.
	16	Nouveau.
16	17	Pas de changement. Mise au point de la rédaction.
17	18	Pas de changement.
	19	Nouveau. Les Lois de 1867 avaient omis de préciser la date destinée à servir de point de départ pour la nomenclature botanique. Cette lacune a été comblée par le Congrès de Gênes en 1892 et ratifiée par celui de Vienne en 1905.
	20	Nouveau. Cet article introduit le principe que, pour éviter de trop grandes perturbations de nomenclature, certains noms sont *inamovibles*. Les principes, tels que celui de la priorité, ne peuvent plus être invoqués utilement quand leurs conséquences prennent un caractère funeste pour le développement de la science. La synonymie résume l'histoire des noms prescrits. Les exceptions à la priorité admises pour les noms génériques le sont en vertu du principe énoncé à l'art. 5; les Lois de 1867 avaient déjà admis, en vertu de ce même principe, certaines exceptions (voy. par ex. l'ancien art. 22).
18	Rec. II	Les articles des Lois de 1867 qui se rapportent à la nomenclature des groupes supérieurs aux familles ont été envisagés par le Congrès de 1905, comme des recommandations, ne comportant d'ailleurs par rapport au texte primitif que des modifications peu importantes.
19	Rec. II	Même observation que ci-dessus.
20	Rec. III	Même observation que ci-dessus. La rédaction a été modifiée en conformité avec l'art. 10 (ancien art. 8). La désinence *-ineæ* pour les sous-ordres est nouvelle.
21	21	Rédaction modifiée en conformité avec l'art. 10 (ancien art. 8).

Articles des Lois de 1867	Articles des Règles de 1905	Observations
22	22	L'art. 22 des Lois de 1867 a été réduit à l'alinéa 3°; les alinéas 1°, 2° et 4° sont supprimés.
23	23	Le Congrès de 1905 a adopté des désinences uniformes
24	23	*(-oideae, -eae, -inae)* pour les sous-familles, tribus et sous-tribus. Le rang hiérarchique de ces groupes se reconnaît maintenant facilement à la désinence de leurs noms.
25	24	Les prescriptions relatives aux subdivisions de genre chevauchaient dans les Lois de 1867 sur les art. 25 et 26. La Commission de rédaction a placé dans deux articles distincts ce qui concerne les genres et ce qui concerne leurs subdivisions. L'obligation de l'emploi du singulier et de la majuscule pour les noms génériques ne figurait pas dans les Lois de 1867. Les autres changements concernent des détails de rédaction.
26	25	Voy. les observations ci-dessus.
27	Rec. IV	Tous les art. des Lois de 1867 relatifs aux questions d'orthographe et de construction de noms de genres et de subdivisions de genres ont été transformés en recommandations par le Congrès de 1905. La recommandation IV de 1905 est plus précise que l'art. 27 des Lois de 1867. La commission a introduit ici quelques mots pour éliminer l'adjonction aux lettres latines de signes diacritiques étrangers; cette élimination se trouvait implicitement admise, mais peu clairement, dans le texte voté par le Congrès. A l'alinéa *d*, la commission a intercalé les mots »ou abréviation«. Cette addition est conforme à l'esprit de la recommandation et tient compte de cas tels que Martia et Martiusia, Brunsvia et Brunsvigia etc.
28	Rec. V	L'art. 28, 2° des Lois de 1867 se rapporte aux recommandations pour la publication des noms; il figure maintenant dans la section 4, Rec. XXI; le nouvel alinéa 2° réunit sous une forme plus brève les alinéas 3° et 9° de l'ancien art. 28; l'ancien alinéa 10° relatif aux noms existant en zoologie a été supprimé.
29	Rec. VI	Changement de rédaction insignifiant
30	Rec. VII	Changement de rédaction insignifiant.
31	26	Modifications purement rédactionnelles.
32	Rec. VIII	Tous les art. des Lois de 1867 relatifs aux questions d'orthographe et de construction de noms d'espèces et de

Articles des Lois de 1867	Articles des Règles de 1905	Observations
		subdivisions d'espèces ont été transformés en recommandations par le Congrès de 1905. Il n'y a pas de changement de rédaction introduit dans l'ancien art. 32.
33	Rec. IX	Tout ce qui concerne l'emploi des majuscules et des minuscules est renvoyé à la recommandation suivante.
34	Rec. X	La recommandation est plus précise que l'ancien art. 34.
	Rec. XI	Le contenu de la recommandation XI est nouveau, mais il découle logiquement de la recommandation IV.
	Rec. XII	Recommandation nouvelle. Les Lois de 1867 ne parlaient pas de noms spécifiques dérivant de noms de femmes.
	Rec. XIII	Recommandation nouvelle.
35		Cet article des Lois de 1867 est devenu l'art. 27. Voy. plus loin.
36	Rec. XIV	L'alinéa 5° de l'ancien art. 36 est modifié dans un sens restrictif. La rédaction de l'alinéa f (ancien alinéa 6°) est complétée.
	27	Pas de changement.
37		L'article 37 des Lois de 1867 est devenu l'art. 31. Voy. plus loin.
38	28	Les modifications de rédaction ont été effectuées conformément aux art. 11 et 12 des nouvelles règles. La dernière phrase complète le sens du premier alinéa.
	Rec. XV	Recommandation nouvelle.
	29	Cette règle avait été omise dans les Lois de 1867, mais elle découle logiquement de l'art. 27 (ancien art. 34). La commission a ajouté la première phrase de cet article, laquelle découle logiquement de l'art. 27.
	Rec. XVI	Recommandation nouvelle.
39		L'article 39 des Lois de 1867 est devenu la recommandation XVII. Voy. plus loin.
40	30	Rédaction modifiée en conformité avec la recommandation I (ancien art. 14).
	31	Tout ce qui concerne la nomenclature des hybrides et métis a été réuni par le Congrès de 1905 dans un § spécial. La rédaction de cet article est considérablement modifiée.
	32	Nouveau. Les Lois de 1867 ne connaissaient pas les hybrides intergénériques.
	33	Nouveau. Même observation que pour l'art. 32.

Articles des Lois de 1867	Articles des Règles de 1905	Observations
	34	Nouveau. Les Lois de 1867 n'avaient pas prévu la nomenclature des hybrides pléomorphes.
	Rec. XVII	Transformé en recommandation par le Congrès de 1905, l'ancien art. 39 a été modifié dans sa rédaction en conformité avec les art. 31 à 34.
41		L'art. 41 des Lois de 1867 figure à l'art. 39 des nouvelles règles:
		Les articles de la section 4 (ancienne section 3) qui traitent de la publication des noms et de leur date, présentent dans les Lois de 1867 un groupement des matières qui laisse beaucoup à désirer. Cette division a été refondue par la commission de rédaction, comme suit:
		1° En quoi consiste une publication? (art. 35).
		2° Quelles conditions un nom ou une combinaison de noms doivent-ils remplir pour être *valablement* publiés? (art. 36, 37 et 38).
		3° Quelle est la date de publication d'un nom? (art. 39).
		Viennent ensuite les recommandations relatives aux questions de publication.
42	35	Cet article a été notablement modifié et simplifié par le Congrès de 1867: la publication consiste uniquement dans la distribution d'imprimés et d'autographies indélébiles.
	36	Nouveau. L'emploi du latin dans la diagnose originale pour qu'un nom de groupe nouveau soit valablement publié ne devient indispensable qu'à partir du 1er janvier 1908.
43		L'art. 43 des Lois de 1867 a été fusionné avec l'art. 35 des règles de 1905.
44		L'article 44 des Lois de 1867 figure à l'art. 39 des règles de 1905, lequel traite des questions de date.
45		Cet article se rapporte à la section 3 (nomenclature des divers groupes) § 4 (noms d'espèces et de subdivisions d'espèces) et fait double emploi avec l'art. 26 (ancien art. 31): il a été supprimé par la Commission de rédaction.
46	37	L'ancien art. 46 des Lois de 1867 a été considérablement modifié par le Congrès de 1905. La rédaction est beaucoup plus précise. Les noms cités accidentellement dans la synonymie ne sont pas valablement publiés. Il en est de même pour les noms publiés dans des exsiccata sans être accompagnés de diagnoses imprimées. Les planches accompagnées

Articles des Lois de 1867	Articles des Règles de 1905	Observations
		d'analyses ne seront considérées comme équivalant à une description que pour autant qu'elles auront été publiées avant le 1er janvier 1908.
	38	Tout ce qui concerne la publication des noms de genres et de groupes supérieurs aux genres est réuni dans l'art. 38. Mêmes observations que pour l'art. 37.
	39	Cet article qui traite des questions de dates résume les anciens art. 41 et 44 des Lois de 1867. Il a dû être complété en conformité avec le nouvel art. 36.
47	Rec. XVIII	Cette recommandation reproduit l'art. 47, 2° des Lois de 1867 sans changement.
	Rec. XIX	C'est l'art. 47, 3°, sans changement. L'alinéa 3° de l'ancien art. 47 figure dans la recommandation XIV, e des régles de 1905.
	Rec. XX	Recommandation nouvelle, qui découle logiquement des art. 36 et 39 des règles de 1905.
	Rec. XXI	Cette recommandation correspond à l'art. 28, 2° des Lois de 1867; la portée en a été un peu élargie par le Congrès de 1905.
	Rec. XXII	Cette recommandation correspond à l'ancien art. 47, 1°, avec une mise au point de la rédaction.
	Rec. XXIII	Recommandation nouvelle.
	Rec. XXIV	Recommandation nouvelle.
48	40	Pas de changement, sauf l'addition des mots: »et pour qu'on puisse aisément constater leur date«.
49	41	Pas de changement.
50	42	Rédaction modifiée.
51	43	Rédaction modifiée de façon à embrasser tous les cas. La dernière phrase permet de résumer partiellement une synonymie par l'emploi d'une parenthèse. Les mots »à l'intérieur du genre« ont été intercalés par la Commission. L'ancienne rédaction était évidemment fautive: elle aurait obligé à changer par exemple la citation des auteurs de genres toutes les fois que ceux-ci sont déplacés d'une subdivision de famille ou d'une famille dans une autre.
52	Rec. XXV	L'article 52 des Lois de 1867 a été transformé en recommandation par le Congrès de 1905. La dernière phrase est nouvelle. La commission a ajouté l'exemple classiqûe »DC. pour De Candolle«.

Articles des Lois de 1867	Articles des Règles de 1905	Observations
53	44	Pas de changement; les mots »à moins que, etc.« ont été ajoutés pour mettre cet article d'accord avec l'art. 52, 4° des règles de 1905.
54	45	Pas de changement.
55	46	Pas de changement; les mots: »et ce choix, etc.« sont nouveaux et précisent la portée de la règle.
	Rec. XXVI	Recommandation nouvelle.
	Rec. XXVII	Cette recommandation se rattache étroitement à celles qui figurent sous le n° VI (ancien art. 29), dont elle est le complément.
	Rec. XXVIII	Cette recommandation est la conséquence logique de la précédente.
56	47	Modifications de rédaction qui donnent à la règle plus de précision.
57	48	Deux systèmes se partageaient jusqu'en 1905 les suffrages des botanistes en ce qui concerne la nomenclature des groupes déplacés avec ou sans changement de rang. Les uns conservaient ou rétablissaient le nom primitif ou l'épithète originale des groupes toutes les fois que cela pouvait se faire sans qu'il y ait formation de doubles emplois (règle d'Alph. de Candolle); les autres considéraient comme valables le premier nom ou la première combinaison de noms donnés aux groupes dans leur nouvelle position, que la règle d'Alph. de Candolle ait été observée ou non (règle dite de Kew). Ensuite d'un compromis intervenu au Congrès de 1905 entre les représentants des deux écoles, la règle d'Alph. de Candolle sera désormais appliquée aux groupes déplacés sans changement de rang hiérarchique; par contre, la règle dite de Kew sera désormais appliquée aux groupes déplacés avec changement de rang hiérarchique. L'ancien article 57, devenu l'article 48 des règles de 1905, reste donc le même quant au fond; sa rédaction a été améliorée de façon à en exclure toute ambiguité.
58	49	La rédaction adoptée pour l'art. 49 par le Congrès est dirigée dans un sens tout à fait opposé è celui de l'art. 58 des Lois de 1867, ainsi qu'il vient d'être exposé à propos de l'art. 48 (ancien art. 57).
	Rec. XXIX	Ces recommandations correspondent aux règles contenues dans les articles 58 et 65 des Lois de 1867, mis d'accord avec les prescriptions nouvelles des règles de 1905.

Articles des Lois de 1867	Articles des Règles de 1905	Observations
59	50	La rédaction de l'art. 59 des Lois de 1867 a été complétée; elle résout dans un sens négatif la question très controversée de savoir si un nom qui est tombé dans la synonymie ne peut plus, pour cette raison, être employé dans un sens différent (règle dite: »once a homonym, always a synonym«). Les recommandations V *b* et XIV *f* prescrivent d'éviter à l'avenir le renouvellement de cas de ce genre.
60	51	Les alinéas 1º, 2º et 5º de l'art. 60 des Lois de 1867 sont maintenus avec d'insignifiants changements de rédaction. L'alinéa 3º est supprimé, le Congrès de 1905 ayant estimé que les inconvénients résultant de noms qui expriment des attributs faux sont plus que balancés par le désavantage d'un changement de nom. L'alinéa 3º est remplacé par une prescription qui annule les noms génériques basés sur une monstruosité. L'alinéa 4º de l'ancien article 60, qui éliminait les noms bilingues, est supprimé et remplacé par une phrase qui élimine les noms basés sur des groupes à éléments incohérents ou inextricables.
61	52	Pas de changement, sauf ceux qui découlent des art. 10 et 12 des règles de 1905.
62	53	Les changements ne concernent que la rédaction.
63		Cet article était ainsi conçu: »Lorsqu'un groupe est transporté dans un autre en y conservant le même rang, son nom doit être changé s'il devient un contre-sens ou une cause évidente d'erreur ou de confusion dans la nouvelle position qui lui est attribuée«. La Commission de rédaction n'a pas maintenu dans le texte des règles cette prescription qui est devenue inutile. D'un côté, l'art. 51, 4º ordonne déjà l'abandon d'un nom lorsqu'il devient une source permanente de confusions ou d'erreurs. De l'autre, le Congrès a décidé, contrairement aux Lois de 1867, qu'il n'y a pas lieu de rejeter un nom lorsque ce dernier exprime un caractère ou un attribut positivement faux dans la totalité d'un groupe ou seulement dans la majorité des éléments qui le composent. L'ancien art. 60, 3º des Lois de 1867 (concordant avec l'art. 63) a donc été supprimé en vertu de l'art. 16, lequel affirme ce principe qu'un nom »n'a pas pour but d'énoncer des caractères ou l'histoire d'un groupe, mais de donner un moyen de s'entendre lorsqu'on veut en parler«.

Articles des Lois de 1867	Articles des Règles de 1905	Observations
64		L'art. 64 des Lois de 1867 est devenu l'art. 56 des règles de 1905. Voy. plus loin.
	54	Cet article indique trois cas de rejet de noms génériques non prévus par les Lois de 1867. Le Congrès de 1905 a encore admis le rejet de noms génériques qui ne sont pas au singulier et au nominatif. La Commission de rédaction a mentionné le premier point à l'art. 24; il paraît superflu de mentionner le second du moment que l'on exclut la nomenclature prélinnéenne.
	55	Cet article indique deux cas de rejet de noms spécifiques non prévus par les Lois de 1867.
65		Cet article est devenu inutile ensuite des changements apportés par le Congrès de 1905 à l'art. 49 (ancien art. 58). Son contenu figure dans la recommandation XXIX, 1°.
	56	C'est l'ancien art. 64 des Lois de 1867; les seuls changements concernent la numérotation des articles cités.
66	57	La rédaction adoptée par le Congrès de 1905 s'écarte peu de celle des Lois de 1867; elle repousse les changements qui ont été proposés pour les noms ne différant que par la désinence.
	Rec. XXX	Cette recommandation est empruntée à l'ancien art. 66 des Lois de 1867.
	Rec. XXXI	La Commission de rédaction a ajouté cette recommandation qui est conforme à l'art. 51, 4° et empêche de tirer de l'art 57 des conséquences exagérées.
	58	Nouveau. Cette prescription comble une lacune des Lois de 1867.
67 68	Rec. XXXII Rec. XXXIII	La section 7 des Lois de 1867, qui traite des noms de plantes dans les langues modernes, ne rentre pas à proprement parler dans un recueil de règles de nomenclature scientifique. Mais comme ces recommandations sont souvent méconnues et cependant importantes, elles ont été maintenues dans une annexe.
	Rec. XXXII Rec. XXXVII	Comme les précédentes, ces recommandations ne rentrent pas directement dans un recueil de nomenclature systématique, elles y sont cependant utilement annexées parce que leur application de plus en plus stricte contribuera aux progrès de la science.

Supplément relatif aux modifications et additions de 1910.

Articles des Lois de 1867	Articles des Règles de 1905	Modifications et additions de 1910	Observations
	Titre	Titre	Suppression des mots »principalement des plantes vasculaires«.
	9	9	Les réserves relatives aux plantes fossiles et aux plantes non vasculaires sont supprimées. A moins d'exceptions expressément spécifiées, les règles et recommandations s'appliquent à tous les groupes végétaux, tant fossiles que vivants.
9	11	11	Modification dans la rédaction. Le mot »plusieurs« répondait mal au degré de fréquence des subdivisions reconnues dans les espèces, genres, familles etc. Les expressions »nombreuses espèces«, »nombreux genres«, «beaucoup de familles« sont plus correctes. — Addition des »formes spéciales» dans la hiérarchie des groupes systématiques.
10	12	12	Mention des »formes spéciales«.
		Rec. I bis	Définition des »formes spéciales«.
	19	19	La première partie de cet article a été refondue pour tenir compte des points de départ multiples adoptés pour la nomenclature des divers groupes en 1910.
	20	20	Les mots »à partir de 1753« sont remplacés par »à partir des dates données à l'art. 19«. L'article est complété de façon à tenir compte des listes de *nomina conservanda* paléobotaniques.
	Rec. IV	Rec. IVa et XId	Les exemples cités dans la première édition (*Glazioua, Bureaua*, etc.) se rapportaient à des graphies correctes, mais portaient sur des noms contraires aux Règles art. 50 et 57. Ces exemples ont été remplacés.
		Rec. XV bis	Nouvelle. Voy. les art. 11, 12 et rec. I bis cidessus.

Articles des Lois de 1867	Articles des Règles de 1905	Modifications et additions de 1910	Observations
		36 bis	Nouveau. Les questions spéciales à la nomenclature paléobotanique avaient été réservées pour le Congrès de 1910.
	39	39	Cet article a été complété en conformité avec l'art. 36 bis.
		Rec. XVIII bis	Nouvelle. Cette recommandation, d'une grande portée pour l'avenir, est au fond une conséquence des art. 45 et 47 des Règles de 1905.
		Rec. XX	Modification de rédaction tenant compte de l'art. 36 bis.
		Rec. XX bis	Nouvelle.
		Rec. XX ter	Nouvelle.
		Rec. XX quat.	Nouvelle.
		Rec. XXV bis	L'art. 43 dit qu'en cas de déplacement de groupe, le nom de l'auteur primitif ne peut être cité qu'en parenthèse. Il fallait compléter cette règle, en spécifiant les cas dans lesquels l'emploi de la parenthèse est avantageux, en suivant les indications du congrès de 1910.
		Rec. XXV ter	Nouvelle.
	Sect. 6	Sect. 6	Titre modifié pour tenir compte des groupes à cycle évolutif pléomorphe.
	45	45	Addition de nouveaux exemples.
	46	46	Addition de nouveaux exemples.
		49 bis	Nouveau. L'importante question de la nomenclature des Champignons à cycle évolutif pléomorphe n'avait été abordée ni en 1867, ni en 1905.
	54,1 ^{0}	54,1 ^{0}	Rédaction modifiée conformément aux décisions du Congrès de 1910.
64	.56	56	La question des noms dits »mort-nés« était restée sujette à des interprétations personnelles et divergentes tant après le Congrès de 1867, qu'après celui de 1905, d'où l'addition faite à l'art. 56 et les exemples cités, conformes aux décisions du Congrès de 1910.
		Rec. XXXVIII	Nouvelle.

II. Règles internationales de la Nomenclature botanique.

Chapitre I. Considérations générales et principes dirigeants.

Article 1. L'histoire naturelle ne peut faire de progrès sans un système régulier de nomenclature, qui soit reconnu et employé par l'immense majorité des naturalistes de tous les pays.

Art. 2. Les prescriptions qui permettent d'établir le système régulier de la nomenclature botanique se divisent en *principes*, en *règles* et en *recommandations*. Les principes (art. 1—9, 10—14 et 15—18) servent de base aux règles et aux recommandations. Les règles (art. 19—58), destinées à mettre de l'ordre dans la nomenclature que le passé nous a léguée comme à préparer celle de l'avenir, ont toujours un caractère rétroactif: les noms ou les formes de nomenclature contraires à une règle ne peuvent être conservés. Les recommandations portent sur des points secondaires et sont destinées à amener à l'avenir plus d'uniformité et de clarté dans la nomenclature: les noms ou les formes de nomenclature contraires à une recommandation ne constituent pas un modèle à imiter, mais ne peuvent être rejetés.

Art. 3. Les règles de la nomenclature ne peuvent être ni arbitraires ni imposées. Elles doivent être simples et basées sur des motifs assez clairs et assez forts pour que chacun les comprenne et soit disposé à les accepter.

Art. 3. Dans toutes les parties de la nomenclature, le principe essentiel est: 1º de viser à la fixité des noms; 2º d'éviter ou de repousser l'emploi de formes et de noms pouvant produire des erreurs, des équivoques, ou jeter de la confusion dans la science.

Après cela, ce qu'il y a de plus important est d'éviter toute création inutile de noms.

Les autres considérations, telles que la correction grammaticale absolue, la régularité ou l'euphonie des noms, un usage plus ou moins répandu, les égards pour des personnes, etc., malgré leur importance incontestable, sont relativement accessoires.

Art. 5. Aucun usage contraire aux règles ne peut être maintenu s'il entraîne des confusions ou des erreurs. Lorsqu'un usage n'a pas d'inconvénient grave de cette nature, il peut motiver des exceptions qu'il faut cependant se garder d'étendre ou d'imiter. Enfin, à défaut de règle, ou si les conséquences des règles sont douteuses, un usage établi fait loi.

Art. 6. Les principes et les formes de la nomenclature doivent être aussi semblables que possible en botanique et en zoologie; cependant la nomenclature botanique est entièrement indépendante de la nomenclature zoologique.

Art. 7. Les noms scientifiques sont en langue latine pour tous les groupes. Quand on les tire d'une autre langue, ils prennent des désinences latines, à moins d'exceptions consacrées par l'usage. Si on les traduit dans une langue moderne, on cherche à leur conserver le plus possible une ressemblance avec les noms originaux latins.

Art. 8. La nomenclature comprend deux catégories de noms: 1° Des noms, ou plutôt des termes, qui expriment la nature des groupes compris les uns dans les autres; 2° des noms particuliers à chacun des groupes de plantes que l'observation a fait connaître.

Art. 9. Les règles et recommandations de la nomenclature botanique s'appliquent à toutes les classes du règne végétal, tant fossile que vivant, à moins d'exceptions expressément spécifiées.

Chapitre II. Sur la manière de désigner la nature et la subordination des groupes qui composent le règne végétal.

Art. 10. Tout individu végétal appartient à une espèce *(species)*, toute espèce à un genre *(genus)*, tout genre à une famille *(familia)*, toute famille à un ordre *(ordo)*, tout ordre à une classe *(classis)*, toute classe à une division *(divisio)*.

Art. 11. On reconnaît aussi dans de nombreuses espèces des variétés *(varietas)* et des formes *(forma)*, chez les parasites des formes spéciales *(forma specialis)*, dans certaines espèces cultivées, des modifications plus nombreuses encore; dans de nombreux genres des sections *(sectio)*, dans beaucoup de familles des tribus *(tribus)*.

Art. 12. Enfin, comme la complication des faits conduit souvent à distinguer des groupes intermédiaires plus nombreux, on peut créer par le moyen de la syllabe sous (sub), mise avant un nom de groupe, des subdivisions de ce groupe, de telle manière que sous-famille *(subfamilia)* exprime un groupe entre une famille et une tribu, une sous-tribu *(subtribus)*, un groupe entre une tribu et un genre, etc. L'ensemble des groupes subordonnés peut ainsi s'élever, pour les plantes spontanées seulement, jusqu'à vingt-deux degrés dans l'ordre suivant:

Regnum vegetabile. Divisio. Subdivisio. Classis. Subclassis. Ordo. Subordo. Familia. Subfamilia. Tribus. Subtribus. Genus. Subgenus. Sectio. Subsectio. Species. Subspecies. Varietas. Subvarietas. Forma. Forma specialis. Individuum.

Si cette liste de groupes ne suffit pas, on peut encore l'augmenter par l'intercalation de groupes supplémentaires, à condition que ceux-ci ne provoquent ni confusion ni erreur.

Exemple: *Series* et *Subseries* sont des groupes que l'on peut intercaler entre la sous-section et l'espèce.

Art. 13. La définition de chacun de ces noms de groupes varie, jusqu'à un certain point, suivant les opinions individuelles et l'état de la science, mais leur ordre relatif, sanctionné par l'usage, ne peut être interverti. Toute classification contenant des interversions n'est pas admissible.

Exemples d'interversion inadmissibles: une forme divisée en variétés, une espèce contenant des genres, un genre contenant des familles ou des tribus.

Art. 14. La fécondation d'une espèce par une autre espèce crée un hybride (*hybrida*), celle d'une modification soit subdivision d'espèce par une autre modification de la même espèce, crée un métis (*mistus*).

Recommandations.

I. Le classement des espèces dans un genre ou dans une subdivision de genre se fait au moyen de signes typographiques, de lettres ou de chiffres. Les hybrides se classent après l'une des espèces dont ils proviennent, avec le signe ⨯ mis avant le nom générique.

Le classement des sous-espèces dans l'espèce se fait par des lettres ou par des chiffres; celui des variétés, par la série des lettres grecques, *α, β, γ*, etc. Les groupes inférieurs aux variétés et les métis sont indiqués par des lettres, des chiffres ou des signes typographiques, à la volonté de chaque auteur.

Les modifications des plantes cultivées doivent être rattachées, autant que possible, aux espèces spontanées dont elles dérivent.

I^{bis}. Dans les parasites, en particulier chez les Champignons parasites, les auteurs qui ne donnent pas une valeur spécifique aux formes caractérisées au point de vue biologique, mais peu ou pas du tout au point de vue morphologique, distingueront à l'intérieur des espèces des formes spéciales (*forma specialis, f. sp.),* caractérisées par leur adaptation à des hôtes différents.

Chapitre III. Sur la manière de désigner chaque groupe ou association de végétaux en particulier.

Section 1. Principes généraux; priorité.

Art. 15. Chaque groupe naturel de végétaux ne peut porter dans la science qu'une seule désignation valable, savoir la plus ancienne, à la condition qu'elle soit conforme aux règles de la nomenclature et qu'elle réponde aux conditions posées dans les art. 19 et 20, voyez sect. 2.

Art. 16. La désignation d'un groupe, par un ou plusieurs noms, n'a pas pour but d'énoncer des caractères ou l'histoire de ce groupe, mais de donner un moyen de s'entendre lorsqu'on veut en parler.

Art. 17. Nul ne doit changer un nom ou une combinaison de noms sans des motifs graves, fondés sur une connaissance plus approfondie des faits, ou sur la nécessité d'abandonner une nomenclature contraire aux règles.

Art. 18. La forme, le nombre et l'arrangement des noms dépendent de la nature de chaque groupe, selon les règles qui suivent.

Section 2. Point de départ de la nomenclature; limitation du principe de priorité.

Art. 19. La nomenclature botanique commence pour les divers groupes végétaux (vivants et fossiles), aux dates suivantes[1].

a) Phanerogamae et Pteridophyta, 1753 (Linné *Species plantarum* ed. 1).

b) Muscineae, 1801 (Hedwig *Species Muscorum*).

c) Sphagnaceae et Hepaticae, 1753 (Linné *Species plantarum* ed. 1).

d) Lichenes, 1753 (Linné *Species plantarum* ed. 1).

---

1) Sont réservés pour le Congrès de Londres 1915 les points de départ pour la nomenclature des groupes suivants: Schizomycetes (Bacteria); Schizophyceae (excl. Nostocaceae); Flagellatae (incl. Dinoflagellatae); Bacillariaceae (Diatomaceae).

e) Fungi: Uredinales, Ustilaginales et Gasteromycetes, 1801 (Persoon *Synopsis methodica Fungorum*).

f) Fungi caeteri, 1821—1832 (Fries *Systema mycologicum*).

g) Algae, 1753 (Linné *Species plantarum* ed. 1).

Exceptions: Nostocaceae homocysteae, 1892—93 (Gomont *Nostocaceae homocysteae*); Nostocaceae heterocysteae, 1886 (Bornet et Flahault *Nostocaceae heterocysteae*); Desmidiaceae, 1848 (Ralfs *British Desmidiaceae*); Oedogoniaceae, 1900 (Hirn *Monographie und Iconographie der Oedogoniaceen*).

h) Myxomycetes, 1753.

On est convenu de rattacher les genres dont les noms figurent dans l'édition 1 du *Species plantarum* de Linné · aux descriptions qui en sont données dans le *Genera plantarum* ed. 5 (ann. 1754).

Art. 20. Toutefois, pour éviter que la nomenclature des genres ne subisse par l'application stricte des règles de la nomenclature, et en particulier du principe de priorité à partir des dates données à l'art. 19 un bouleversement sans avantages, les règles prévoient une liste de noms qui doivent être conservés en tous cas. Ces noms sont de préférence ceux dont l'emploi est devenu général dans les cinquante ans qui ont suivi leur publication, ou qui ont été utilisés dans des monographies et dans de grands ouvrages floristiques jusqu'en 1890. — A l'usage des paléobotanistes, il est prévu une double liste: 1º une liste des noms génériques de plantes vivantes, valablement publiés et généralement admis, lorsqu'ils entrent en collision avec des noms génériques paléobotaniques plus anciens; 2º une liste des noms génériques de plantes fossiles, valablement publiés et généralement admis, lorsqu'ils entrent en collision avec des homonymes plus anciens de plantes vivantes tombés dans la synonymie, afin d'éviter que ces derniers puissent être à nouveau utilisés. — Ces listes figurent en appendice des règles de la nomenclature

Section 3. Nomenclature des divers groupes.

§ 1. *Noms de groupes supérieurs aux familles.*

Recommandations. — On s'inspirera dans la nomenclature des groupes supérieurs aux familles des prescriptions suivantes destinées à introduire à la fois de la clarté et une certaine uniformité:

II. Les noms de divisions et de sous-divisions, de classes et sous-classes se tirent d'un des principaux caractères. Ils s'expriment au moyen de mots d'origine grecque ou latine, et en donnant aux groupes de même nature une certaine harmonie de forme et de désinence.

Exemples: *Angiospermae, Gymnospermae*; *Monocotyleae, Dicotyleae*; *Pteridophyta*; *Coniferae*. Dans les Cryptogames, les noms anciens de familles, tels que *Fungi, Lichenes, Algae*, peuvent être employés comme noms de groupes supérieurs aux familles.

III. Les ordres sont désignés de préférence par le nom d'une de leurs principales familles, avec la désinence *-ales*. Les sous-ordres sont désignés d'une manière analogue, avec la désinence *-inrae*. Toutefois d'autres modes de terminaison peuvent être conservés pour ces noms, s'ils ne provoquent ni confusions, ni erreurs.

---

1) L'élaboration de cette double liste a été réservée pour le Congrès de 1915.

Exemples de noms d'ordre: *Polygonales* (de *Polygonaceae*), *Urticales* (de *Urticaceae*), *Glumi-* *florae*, *Centrospermae*, *Parietales*, *Tubiflorae*, *Microspermae*, *Contortae*. Exemples de noms de sous-ordres: *Bromeliineae* (de *Bromeliaceae*), *Malvineae* (de *Malvaceae*), *Tricoccae*, *Enantioblastae*.

§ 2. *Noms de familles et sous-familles, de tribus et sous-tribus.*

Art. 21. Les familles (*familiae*) sont désignées par le nom d'un de leurs genres ou anciens noms génériques avec la désinence -*aceae*.

Exemples: *Rosaceae* (de *Rosa*), *Salicaceae* (de *Salix*), *Caryophyllaceae* (du *Dianthus Caryo-* *phyllus*), etc.

Art. 22. Toutefois les noms suivants, consacrés par un long usage, font exception à la règle: *Palmae, Gramineae, Cruciferae, Leguminosae, Guttiferae, Umbelliferae, Labiatae, Compositae.*

Art. 23. Les noms de sous-familles (*subfamiliae*) sont tirés du nom d'un des genres qui se trouvent dans le groupe, avec la désinence -*oideae*. Il en est de même pour les tribus (*tribus*), avec la désinence -*eae*, et pour les sous-tribus (*sub-* *tribus*), avec la désinence -*inae*.

Exemples de sous-familles: *Asphodeloideae* (de *Asphodelus*), *Rumicoideae* (de *Rumex*); tribus: *Asclepiadeae* (de *Asclepias*), *Phyllantheae* (de *Phyllanthus*); sous-tribus: *Metastelmatinae* (de *Metastelma*), *Madiinae* (de *Madia*).

§ 3. *Noms de genres et de divisions de genres.*

Art. 24. Les genres reçoivent des noms, substantifs (ou adjectifs employés substantivement) singuliers et s'écrivant avec une majuscule, qui sont pour chacun d'eux comme nos noms propres de famille. Ces noms peuvent être tirés d'une source quelconque et même composés d'une manière absolument arbitraire.

Exemples: *Rosa, Convolvulus, Hedysarum, Bartramia, Liquidambar, Gloriosa, Impatiens, Manihot.*

Art. 25. Les sous-genres et sections reçoivent aussi des noms, ordinairement substantifs et semblables aux noms des genres. Les noms que l'on donne aux sous-sections et autres subdivisions inférieures des genres sont de préférence des adjectifs pluriels s'écrivant avec une majuscule, ou bien ils sont remplacés par un numéro d'ordre ou une lettre.

Exemples. — Substantifs: *Fraxinaster, Trifoliastrum, Adenoscilla, Euhermannia, Archiera-* *cium, Micromelilotus, Pseudinga, Heterodraba, Gymnocimum, Neoplantago, Stachyotypus.* — Adjectifs: *Pleiostylae, Fimbriati, Bibracteolata, Pachycladae.*

Recommandations.

IV. Lorsqu'un nom de genre, sous-genre ou section est tiré d'un nom d'homme, on le constitue de la manière suivante:

a) Quand le nom se termine par une voyelle, on ajoute la lettre -*a* (ainsi *Bouteloua* d'après Boutelou, *Ottoa* d'après Otto, *Sloanea* d'après Sloane), sauf quand le nom a déjà la désinence *a*, auquel cas le mot se termine par -*aea* (ex.: *Collaea*, d'après Colla).

b) Quand le nom se termine par une consonne, on ajoute les lettres -*ia* (ainsi *Magnusia*, d'après Magnus; *Ramondia*, d'après Ramond), sauf quand il s'agit de la désinence -*er*, auquel cas le mot se termine par -*era* (ex.: *Kernera*, d'après Kerner).

c) Les syllabes qui ne sont pas modifiées par ces désinences conservent leur orthographe exacte, même avec les consonnes k ou w ou avec les groupements de voyelles qui n'étaient pas usités dans le latin classique. Les lettres étrangères au latin des botanistes seront transcrites, les signes diacritiques abandonnés. Les ä, ö, ü des langues germaniques deviennent des ae, oe, ue, les é, è et ê de la langue française deviennent en général des e.

d) Les noms peuvent être accompagnés d'un préfixe, d'un suffixe, ou modifiés par anagramme ou abréviation. Dans ces cas, ils ont toujours la valeur de mots différents du nom primitif. Ex.: *Durvillea* et *Urvillea*, *Lapeyrousea* et *Peyrousea*, *Englera*, *Englerastrum* et *Englerella*, *Bouchea* e *Ubochea*, *Graderia* et *Gerardia*, *Martia* et *Martiusia*.

V. Les botanistes qui ont à publier des noms de genre font preuve de discernement et de goût, s'ils ont égard aux recommandations suivantes:

a) Ne pas faire des noms très longs ou difficiles à prononcer.

b) Ne jamais renouveler un nom déjà employé et tombé dans la synonymie (homonyme).

c) Ne pas dédier des genres à des personnes absolument étrangères à la botanique, ou du moins aux sciences naturelles, ni à des personnes tout à fait inconnues.

d) Ne tirer des noms de langues barbares, que si ces noms se trouvent fréquemment cités dans les livres des voyageurs et présentent une forme agréable qui s'adapte aisement à la langue latine et aux langues des pays civilisés.

e) Rappeler, si possible, par la composition ou la désinence du nom, les affinités ou les analogies du genre.

f) Eviter les noms adjectifs employés substantivement.

g) Ne pas donner à un genre un nom dont la forme est plutôt celle d'un sous-genre ou d'une section (*Eusideroxylon*, par exemple, nom formé pour un genre de Lauracées, mais qui, étant valable, ne peut être changé).

h) Ne pas créer des noms formés par la combinaison de deux langues.

VI. Les botanistes qui construisent des noms de sous-genres ou de sections feront bien d'avoir égard aux recommandations qui précèdent et en outre à celles-ci:

a) Prendre volontiers pour la principale division d'un genre, un nom qui le rapelle par quelque modification ou addition (*Eu-* mis au commencement du nom, quand il est d'origine grecque; *-astrum*, *-ella* à la fin du nom, quand il est latin, ou telle autre modification conforme à la grammaire et aux usages de la langue latine).

b) Eviter dans un genre de nommer un sous-genre ou une section par le nom du genre terminé par *-oides*, ou *opsis;* mais au contraire rechercher cette désinence pour une section qui ressemblerait à un autre genre, en ajoutant alors *-oides* ou *-opsis* au nom de cet autre genre, s'il est d'origine grecque, pour former le nom de la section.

c) Eviter de prendre comme nom de sous-genre ou section un nom qui existe déjà comme tel dans un autre genre, ou qui est le nom d'un genre admis.

VII. Lorsqu'on désire énoncer un nom de sous-genre ou section conjointement avec le nom de genre et le nom d'espèce, le nom de la subdivision de genre se place entre les deux autres en parenthèse. Ex.: *Astragalus (Cycloglottis) contortuplicatus.*

§ 4. *Noms d'espèces et de subdivisions d'espèces.*

Art. 26. Chaque espèce, même celles qui composent à elles seules un genre, est désignée par le nom du genre auquel elle appartient suivi d'un nom (ou épithète) dit spécifique, le plus ordinairement de la nature des adjectifs (combinaison de deux noms, binôme, nom binaire).

Exemples: *Dianthus monspessulanus, Papaver Rhoeas, Fumaria Gussonei, Uromyces Fabae, Geranium Robertianum, Embelia Sarasinorum, Adiantum Capillus-Veneris.* — Linné a parfois introduit des symboles dans les noms spécifiques. L'article 26 implique la transcription de ces symboles, ex.: *Scandix Pecten Veneris* — (= *Scandix Pecten* ♀); *Veronica Anagallis-aquatica* (= *Veronica Anagallis* ▽)

Recommandations.

VIII. Le nom spécifique doit, en général, indiquer quelque chose de l'apparence, des caractères, de l'origine, de l'histoire ou des propriétés de l'espèce. S'il est tiré d'un nom d'homme,

3

c'est ordinairement pour rappeler le nom de celui qui l'a découverte ou décrite, ou qui s'en est occupé d'une manière quelconque.

IX. Les noms d'hommes et de femmes, comme les noms de pays et de localités employés comme noms spécifiques, peuvent être des substantifs employés au génitif *(Clusii, saharae)* ou des adjectifs *(Clusianus, dahuricus)*. Il est préférable d'éviter, à l'avenir, l'emploi du génitif et de l'adjectif d'un même nom, pour désigner deux espèces différentes du même genre, par ex.: *Lysimachia Hemsleyana* Maxim. (1891) et *L. Hemsleyi* Franch. (1895).

X. Tous les noms spécifiques s'écrivent avec des minuscules sauf ceux qui dérivent de noms d'hommes ou de femmes (substantifs ou adjectifs) ou de ceux qui sont empruntés à des noms de genre (substantifs ou adjectifs). Ex.: *Ficus indica, Circaea lutetiana, Brassica Napus, Lythrum Hyssopifolia, Aster novi-belgii, Malva Tournefortiana, Phyteuma Halleri.*

XI. Dans le cas où un nom spécifique est tiré d'un nom d'homme, on le constitue de la manière suivante:

a) Quand le nom se termine par une voyelle, on ajoute la lettre *-i* (ainsi *Glasioui*, de Glaziou; *Bureaui*, d'après Bureau), sauf quand le nom a la désinence *a*, auquel cas le mot se termine par *-ae* (ainsi *Balansae*, de Balansa).

b) Quand le nom se termine par une consonne, on ajoute les lettres *-ii* (ainsi *Magnusii*, de Magnus; *Ramondii*, d'après Ramond), sauf quand il s'agit de la désinence *-er*, auquel cas le mot se termine par *-eri* (ex.: *Kerneri*, d'après Kerner).

c) Les syllabes qui ne sont pas modifiées par ces désinences conservent leur orthographe exacte, même avec les consonnes k et w ou avec les groupements de voyelles qui n'étaient pas usités dans le latin classique. Les lettres étrangères au latin des botanistes seront transcrites, les signes diacritiques abandonnés. Les ä, ö, ü, des langues germaniques deviennent des ae, oe, ue, les é, è et ê de la langue française deviennent en général des e.

d) Quand les noms spécifiques tirés d'un nom propre ont une forme adjective, on les constitue d'une façon analogue (*Geranium Robertianum, Verbena Hasslerana* etc.).

XII. Il en est de même pour les noms de femmes. Ceux-ci s'écrivent au féminin lorsqu'ils ont une forme substantive. Ex.: *Cypripedium Hookerae, Rosa Beatricis, Scabiosa Olgae, Omphalodes Luciliae.*

XIII. Dans la formation de noms spécifiques composés de deux ou plusieurs racines et tirés du latin ou du grec, la voyelle placée entre les deux racines devient voyelle de liaison, en latin *i*, en grec *o*; on écrira donc *menthifolia, salviifolia*, et non pas *menthaefolia, salviaefolia*. Quand la seconde racine commence par une voyelle et que l'euphonie l'exige, on doit éliminer la voyelle de liaison (*calliantha, lepidantha*). Le maintien de la liaison en *ae* n'est légitime que lorsque l'étymologie l'exige (*caricaeformis* de *Carica*, peut être maintenu à côté de *cariciformis* provenant de *Carex*).

XIV. En construisant des noms spécifiques, les botanistes font bien d'avoir égard, en outre, aux recommandations suivantes:

a) Eviter les noms très-longs et d'une prononciation difficile.

b) Eviter les noms qui expriment un caractère commun à toutes ou presque toutes les espèces du genre.

c) Eviter les noms tirés de localités peu connues, ou très restreintes, à moins que l'habitation de l'espèce ne soit tout à fait locale.

d) Eviter, dans le même genre, les noms trop semblables, ceux surtout qui ne diffèrent que par les dernières lettres.

e) N'adopter les noms inédits qui se trouvent dans les notes des voyageurs ou dans les herbiers, en les attribuant à ces derniers, que si ceux-ci en ont approuvé la publication.

f) Eviter les noms qui ont été employés auparavant dans le genre, ou dans quelque genre voisin, et qui sont tombés dans la synonymie (homonymes).

g) Ne pas nommer une espèce d'après quelqu'un qui ne l'a ni découverte, ni décrite, ni figurée, ni étudiée en aucune manière.

h) Eviter les noms spécifiques composés de deux mots.

i) Eviter les noms qui forment pléonasme avec le sens du nom du genre.

Art. 27. Deux espèces du même genre ne peuvent avoir le même nom spécifique, mais le même nom spécifique peut être donné dans plusieurs genres.

Exemple: *Arabis spathulata* DC. et *Lepidium spathulatum* Phil. sont deux noms de Crucifères valables; mais *Arabis spathulata* Nutt. in Torr. et Gray ne peut être maintenu à cause de l'*Arabis spathulata* DC., nom donné antérieurement à une autre espèce valable du genre *Arabis*.

Art. 28. Les noms des sous-espèces et variétés se forment comme les noms spécifiques et s'ajoutent à eux dans leur ordre, en commençant par ceux du degré supérieur de division. Il en est de même pour les sous-variétés, les formes et autres modifications légères ou passagères de plantes spontanées, qui reçoivent soit un nom, soit des numéros ou des lettres qui facilitent leur classement. L'emploi d'une nomenclature binaire pour les subdivisions d'espèces n'est pas admissible.

Exemples: *Andropogon ternatus* subsp. *macrothrix* (et non *Andropogon macrothrix* ou *Andropogon ternatus* subsp. *A. macrothrix*); *Herniaria hirsuta* var. *diandra* (et non *Herniaria diandra* ou *Herniaria hirsuta* var. *H. diandra*); forma *nanus*, forma *maculatum*.

Recommandations.

XV. Les recommandations faites pour les noms spécifiques s'appliquent également aux noms de subdivisions d'espèces. Ceux-ci s'accordent toujours avec le nom générique, lorsqu'ils ont une forme adjective (*Thymus Serpyllum* var. *angustifolius*, *Ranunculus acris* subsp. *Friesianus*).

XV bis. Les formes spéciales sont nommées de préférence au moyen du nom des espèces nourricières. En ce faisant on peut, si on le désire, employer des noms doubles.

Exemples: *Puccinia Hieracii* f. sp. *villosi*, *Pucciniastrum Epilobii* f. sp. *Abieti-Chamaenerii*.

Art. 29. Deux sous-espèces de la même espèce ne peuvent porter le même nom. Un nom de variété ne peut être employé qu'une seule fois à l'intérieur d'une espèce donnée, même lorsqu'il s'agit de variétés classées dans des sous-espèces distinctes. Il en est de même pour les sous-variétés et les formes.

En revanche, le même nom peut être employé pour des subdivisions d'espèces différentes, de même que les subdivisions d'une espèce peuvent porter le même nom que d'autres espèces.

Exemples. — Nomenclature admissible pour des subdivisions d'espèce: *Rosa Jundzillii* var. *leioclada* et *Rosa glutinosa* var. *leioclada; Viola tricolor* var. *hirta*, malgré l'existence antérieure d'une espèce différente appelée *Viola hirta*. Nomenclature incorrecte: *Erysimum hieraciifolium* subsp. *strictum* var. *longisiliquum* et *E. hieraciifolium* subsp. *pannonicum* var. *longisiliquum* (cette forme de nomenclature donne deux variétés portant le même nom dans la même espèce).

Recommandations.

XVI. Il est recommandé d'user le moins possible de la faculté accordée dans la seconde partie de l'article 29. On évitera ainsi de donner lieu à des confusions ou à des méprises, et on réduira aussi au minimum les changements de noms dans le cas où des subdivisions d'espèces viendraient à être élevées au rang d'espèces ou vice versa.

Art. 30. Dans les plantes cultivées, les formes et métis reçoivent des noms de fantaisie, en langue vulgaire, aussi différents que possible des noms latins d'espèce ou de variétés. Quand on peut les rattacher à une espèce, à une sous-espèce ou une variété botanique, on l'indique par la succession des noms.

Exemple: *Pelargonium zonale* Mistress-Pollock.

3*

§ 5. *Noms d'hybrides et de métis.*

Art. 31. Les hybrides entre espèces d'un même genre, ou présumés tels, sont désignés par une formule et, toutes les fois que cela paraît utile ou nécessaire, par un nom.

La formule s'écrit au moyen des noms ou épithètes spécifiques des deux parents, se suivant dans l'ordre alphabétique, et réunis par le signe ✕. Quand l'hybride a une origine expérimentale indubitable, la formule peut être précisée par l'addition des signes ♂ et ♀.

Le nom, soumis aux mêmes règles que les noms des espèces, se distingue de ces derniers par l'absence du numéro d'ordre et par le signe ✕ précédant le nom d'un genre.

Exemples: ✕ *Salix capreola* = *Salix aurita* ✕ *caprea; Digitalis lutea* ♀ ✕ *purpurea* ♂; *Digitalis lutea* ♂ ✕ *purpurea* ♀.

Art. 32. Les hybrides intergénériques (entre espèces de genres différents), ou présumés tels, sont aussi désignés par une formule, et, quand cela paraît utile ou nécessaire, par un nom.

La formule s'écrit au moyen des noms des deux parents, se suivant dans l'ordre alphabétique.

L'hybride est rattaché à celui des deux genres qui précède l'autre dans l'ordre alphabétique. Le nom est précédé du signe ✕.

Exemple: ✕ *Ammophila baltica* = *Ammophila arenaria* ✕ *Calamagrostis epigeios.*

Art. 33. Les hybrides ternaires, ou d'ordre supérieur, se désignent comme les hybrides ordinaires par une formule et, éventuellement, par un nom.

Exemple: ✕ *Salix Straehleri* = *S. aurita* ✕ *cinerea* ✕ *repens* ou *S. (aurita* ✕ *repens)* ✕ *cinerea.*

Art. 34. Lorsqu'il y a lieu de distinguer les diverses formes d'un hybride (hybrides pléomorphes, combinaisons entre les diverses formes d'espèces collectives etc.), les subdivisions se classent à l'intérieur de l'hybride comme les subdivisions d'espèces à l'intérieur de l'espèce.

Exemples: ✕ *Mentha villosa* β *Lamarckii* (= *M. longifolia* ✕ *rotundifolia).* Les formules peuvent indiquer la prépondérance des caractères de l'un ou de l'autre parent, sous les formes suivantes: *Mentha longifolia* > ✕ *rotundifolia, M. longifolia* ✕ < *rotundifolia, Cirsium supercanum* ✕ *rivulare,* etc., etc. Elles peuvent aussi indiquer la participation d'une variété particulière. Ex.: *Salix caprea* ✕ *daphnoides* var. *pulchra.*

Recommandations.

XVII. Les métis, ou présumés tels, peuvent être désignés par un nom et une formule. Les noms des métis sont intercalés à l'intérieur de l'espèce parmi les subdivisions de celles-ci et précédés du signe ✕. Dans la formule, les noms des parents se suivent dans l'ordre alphabétique.

Section 4. De la publication des noms et de la date de chaque nom ou combinaison de noms.

Art. 35. La publication résulte de la vente ou de la distribution dans le public, d'imprimés ou d'autographies indélébiles.

Une communication de noms nouveaux dans une séance publique, des noms mis dans des collections ou dans des jardins ouverts au public, ne constituent pas une publication.

Exemples. — Publication non imprimée, effective: Le *Salvia oxyodon* Webb et Heldr. a été publié en juillet 1850 dans un catalogue autographié et mis en vente (Webb et Heldreich *Catalogus plantarum hispanicarum, etc. ab A. Blanco lectarum*, Parisiis, Jul. 1850, in-folio). — Publication non effective, faite dans une séance publique: Cusson a annoncé la création du genre *Physospermum* dans un mémoire lu à la Société des sciences de Montpellier en 1773, puis en 1782 ou 1783 à la Société de médecine de Paris, mais il n'a été valablement publié qu'en 1787 dans les *Mémoires de la Soc. roy. de médecine de Paris*, vol. V, 1re partie. La publication valable du genre *Physospermum* se rapporte donc à l'année 1787.

Art. 36. A partir du 1er janvier 1908, les noms des groupes nouveaux de plantes vivantes ne sont considérés comme valablement publiés que lorsqu'ils sont accompagnés d'une diagnose latine.

Art. 36 bis. A partir du 1er janvier 1912, les noms des groupes nouveaux de plantes fossiles ne sont considérés comme valablement publiés que s'ils sont accompagnés d'une diagnose latine et d'illustrations ou figures montrant les caractères essentiels de l'objet dont il s'agit.

Art. 37. Une espèce, ou une subdivision d'espèce, annoncée dans un ouvrage avec un nom spécifique ou de variété complet, mais sans diagnose, ni renvoi à une description antérieure faite sous un autre nom, n'est pas valablement publiée. Une citation dans la synonymie ou la mention accidentelle d'un nom, ne suffit pas pour que ce nom soit considéré comme valablement publié. De même, la mention d'un nom sur une étiquette d'exsiccata, sans diagnose imprimée ou autographiée, ne constitue pas une publication valable.

Les planches accompagnées d'analyses équivalent à une description. Cette tolérance prendra fin pour les planches publiées à partir du 1er janvier 1908.

Exemples. — Publications valables: *Onobrychis eubrychidea* Boiss. *Fl. or.* II, 546 (ann. 1872) publié avec une description; *Panax nossibiensis* Drake in Grandidier *Hist. phys. nat. et polit. de Madagascar*, vol. XXXV, t. V, III, 5e part. pl. 406, ann. 1896, publié sous la forme d'une planche avec analyses; *Cynanchum nivale* Nym. *Syll. fl. eur.* 108 (ann. 1854—1855), publié avec renvoi au *Vincetoxicum nivale* Boiss. et Heldr. décrit antérieurement; *Hieracium Flahaultianum* Arv.-Touv. et Gaut., publié dans un exsiccata accompagné d'une diagnose imprimée (*Hieraciotheca gallica* no 935—942, ann. 1903). — Publications non valables: *Sciadophyllum heterotrichum* Decn. et Planch. in *Rev. Hortic.*, ser. IV, III, 107 (ann. 1854), publié sans description ni renvoi à une description antérieure faite sous un autre nom. *Ornithogalum undulatum* Hort. Berol. ex Kunth *Enum. pl.* IV, 348 (ann. 1843), cité comme synonyme du *Myogalum Boucheanum* Kunth l. c. (nom adopté par l'auteur) n'est pas valablement publié; transportée dans le genre *Ornithogalum*, cette espèce doit s'appeler *Ornithogalum Boucheanum* Aschers. in *Österr. bot. Zeitschr.* XVI, 191 (ann. 1866). *Erythrina micropteryx* Poepp. cité comme synonyme du *Micropteryx Poeppigiana* Walp. in *Linnaea* XXIII, 740 (ann. 1850) n'est pas valablement publié; l'espèce en question, placée dans le genre *Erythrina*, doit s'appeler *Erythrina Poeppigiana* O. F. Cook *in Un. St. Dep. Agr.*, Bull. no 25 p. 57 (ann. 1901). *Nepeta Sieheana* Hausskn., nom qui figure sans diagnose dans un exsiccata (W. Siehe, Bot. Reise nach Cicilien no 521, ann. 1896), n'est pas valablement publié.

Art. 38. Un genre, ou tout autre groupe supérieur à l'espèce, nommé ou annoncé sans être caractérisé conformément à l'art. 37 ne peut être considéré comme valablement publié (*nomen nudum*). L'indication pure et simple d'espèces comme appartenant à un genre nouveau, ou de genres comme appartenant à un groupe supérieur, ne suffit pas pour que ce genre ou ce groupe soit considéré comme caractérisé et valablement publié. On est cependant convenu de faire exception pour les noms génériques mentionnés par Linné dans le Species plantarum ed. 1, 1753, noms que l'on rattache aux descriptions contenues dans le Genera plantarum ed. 5, 1754 (Voy. art. 19).

Exemples. — Publications valables: *Carphalea* Juss. *Gen. pl.* 198 (ann. 1789), publié avec une description; *Thuspeinanta* Dur. *Ind. gen. Phaner.* p. X (ann. 1888), publié avec un renvoi au genre *Tapeinanthus* Boiss. décrit antérieurement; *Stipa* L. *Sp. pl.* ed. 1, 78, ann. 1753, est valable parce qu'il est accompagné d'une description dans le *Genera plantarum* ed. 5, no 84, ann. 1754. — Publications non valables: *Egeria* Neraud (*Bot. Voy, Freycinet*, p. 28, ann. 1826), publié sans diagnose ni renvoi à une description antérieure faite sous un autre nom; *Acosmus* Desv. mentionné incidemment comme synonyme du genre *Aspicarpa* Rich. par De Candolle (*Prodr.* I, 583, ann. 1824); *Zatarhendi* Forsk. *Fl. aeg.-arab.* p. CXV, ann. 1775, basé sur la seule énumération de trois espèces du genre *Ocimum*, sans indication de caractères.

Art. 39. La date d'un nom ou d'une combinaison de noms est celle de leur publication effective, c'est-à-dire d'une publication irrévocable. Jusqu'à preuve contraire, c'est la date mise sur l'ouvrage renfermant le nom ou la combinaison de noms qui fait foi. A partir du 1er janvier 1908, la date de publication de la diagnose latine entre seule en ligne de compte dans les questions de priorité pour les plantes vivantes; pour les plantes fossiles, à partir du 1er janvier 1912, c'est la date de publication simultanée de la diagnose latine et d'une figure.

Exemples. — Le *Mentha foliicoma* Opiz est une plante distribuée par son auteur dès 1832, mais c'est un nom qui date de 1882 (publié par Déséglise *Menth. Op.* III, in *Bull. soc. étud. scient. Angers*, ann. 1881—1882, p. 210); *Mentha bracteolata* Op, *Seznam*, p. 65, ann. 1852, sans description, est un nom qui n'a été valablement publié avec description qu'en 1882 (Déséglise l. c. p. 211). — On a quelque raison de soupçonner que le volume I des *Familles des plantes* d'Adanson a été publié en 1762, mais dans l'incertitude, c'est la date 1763 figurant sur le titre qui fait foi. — Diverses parties du *Species plantarum* de Willdenow ont été publiées comme suit: vol. I en 1798, vol. II, 2 en 1800, vol. III, 1 en 1801, vol. III, 2 en 1803, vol. III, 3 en 1804, vol. IV, 2 en 1806, au lieu des années 1797, 1799, 1800, 1800, 1800, 1805 qui figurent sur les titres de ces volumes; ce sont les premières dates qui font foi. — Par contre le volume III du *Prodromus florae hispanicae* de Willkomm et Lange, dont le titre porte la date 1880, a été publié en 4 fois, savoir p. 1—240 en 1874, p. 241 à 512 en 1877, p. 513—736 en 1878, p. 737 à fin en 1880. Ce sont les dates des livraisons qui font foi.

Recommandations. — Les botanistes feront bien, en publiant, d'avoir égard aux recommandations suivantes:

XVIII. Ne pas publier un nom sans indiquer clairement si c'est un nom de famille ou de tribu, de genre ou de section, d'espèce ou de variété, en un mot sans indiquer une opinion sur la nature du groupe auquel ils donnent le nom.

XVIII bis. Lorsqu'on publie des noms de groupes nouveaux, indiquer soigneusement la subdivision que l'on considère comme le type de nomenclature de ce groupe: le genre-type dans une famille, l'espèce-type dans un genre, la variété-type ou l'échantillon-type dans une espèce. Cette précaution évitera des difficultés de nomenclature dans le cas où, à l'avenir, le groupe en question viendrait à être dissocié.

XIX. Eviter de publier ou de mentionner dans leurs publications des noms inédits qu'ils n'acceptent pas, surtout si les personnes qui ont fait ces noms n'en ont pas autorisé formellement la publication (voir Rec. XIV e).

XX. Lorsqu'on publie des noms de groupes nouveaux dans des ouvrages rédigés dans une langue moderne (flores, catalogues etc.), faire paraître simultanément les diagnoses latines et en paléobotanique les figures, qui rendent ces noms valables au point de vue de la nomenclature scientifique.

XX bis. Vu les difficultés particulières que présente l'identification des plantes fossiles, donner, outre la diagnose latine, une description détaillée en français, anglais, allemand ou italien.

XX ter. Lorsqu'on décrit des groupes nouveaux de Cryptogames inférieures, surtout parmi les Champignons, ou parmi les plantes microscopiques, ajouter à la description une figure ou des figures de ces plantes, avec les détails de structure microscopique qui aideront à leur identification.

XX quater. La description des plantes parasites devrait toujours être suivie de l'indication des hôtes, en particulier chez les Champignons parasites. Les hôtes devraient être désignés par leurs noms scientifiques latins et non pas par des noms vulgaires en langues modernes dont la signification est souvent douteuse.

XXI. Donner l'étymologie des nouveaux noms génériques et aussi des noms spécifiques, lorsque le sens de ceux-ci n'est pas de prime abord évident.

XXII. Indiquer exactement la date de la publication de leurs ouvrages et celle de la mise en vente ou de la distribution de plantes nommées et numérotées, lorsque celles-ci sont accompagnées de diagnoses imprimées. Lorsqu'il s'agit d'ouvrages qui ont paru par fractions, la dernière feuille publiée d'un volume devrait renfermer des indications sur les dates exactes auxquelles ont été publiés les divers fascicules ou parties du volume, ainsi que sur le nombre des pages de chacun d'eux.

XXIII. Exiger que les éditeurs des travaux publiés dans des périodiques indiquent sur les tirés à part la date de la publication (année et mois) et aussi la désignation du périodique dont le travail est extrait.

XXIV. Les tirés à part devraient toujours porter la pagination du périodique dont ils sont tirés, et à volonté, en plus, une particulière.

Section 5. De la précision à donner aux noms par la citation du botaniste qui les a publiés le premier.

Art. 40. Pour être exact et complet dans l'indication du nom ou des noms d'un groupe quelconque, et pour qu'on puisse aisément constater leur date, il faut citer l'auteur qui a publié le premier le nom ou la combinaison de noms dont il s'agit.

Exemples: *Simarubaceae* Lindley, *Simaruba* Aublet, *Simaruba laevis* Grisebach, *Simaruba amara* Aublet var. *opaca* Engler.

Art. 41. Un changement de caractères constitutifs ou de circonscription dans un groupe n'autorise pas à citer un autre auteur que celui ayant publié le premier le nom ou la combinaison de noms.

Quand les changements ont été considérables, on ajoute à la citation de l'auteur primitif: *mutatis charact.*, ou *pro parte*, ou *excl. gen., excl. sp., excl. var.*, ou telle autre indication abrégée, selon la nature des changements survenus et du groupe dont il s'agit.

Exemples: *Phyllanthus* L. em. (emendavit) Müll. Arg.; *Myosotis* L. pro parte, R. Br; *Globularia cordifolia* L., excl. var. *β*; etc.

Art. 42. Lorsqu'un nom inédit a été publié en l'attribuant à son auteur, les personnes qui le mentionnent plus tard doivent ajouter le nom de celui qui a publié. Le même procédé doit être - suivi pour les noms d'origine horticole lorsqu'ils sont accompagnés de la mention »Hort.«.

Exemples. *Capparis lasiantha* R. Br. ex DC. (ou apud DC.); *Streptanthus heterophyllus* Nutt. in Torr. et Gray; *Gesnera Donklarii* Hort. ex Hook. *Bot. mag.* tab. 5070.

Art. 43. Lorsque, à l'intérieur du genre, un nom existant est appliqué à un groupe qui est transporté dans un autre en y conservant le même rang, ou à un groupe qui devient d'ordre supérieur ou inférieur à ce qu'il était auparavant, le changement opéré équivaut à la création d'un nouveau groupe et l'auteur à citer est celui qui a fait le changement. L'auteur primitif ne peut être cité qu'en parenthèse.

Exemples. — Le *Cheiranthus tristis* L. transporté dans le genre *Matthiola* est devenu le *Matthiola tristis* R. Br., ou *Matthiola tristis* (L.) R. Br. — Le *Medicago polymorpha* L. var. *orbicularis* L. élevé au rang d'espèce est devenu le *Medicago orbicularis* All. ou *Medicago orbicularis* (L.) All.

Recommandations.

XXV. Les noms d'auteurs mis après les noms de plantes s'indiquent par abréviations, à moins qu'ils ne soient très courts.

A cet effet on retranche d'abord les particules ou lettres préliminaires qui ne font pas strictement partie du nom, puis on indique les premières lettres, sans en omettre aucune. Si un nom d'une seule syllabe est assez compliqué pour qu'il vaille la peine de l'abréger, on indique les premières consonnes (Br. pour Brown); si le nom a deux ou plusieurs syllabes, on indique la première syllabe, plus la première lettre de la syllabe suivante, ou les deux premières quand elles sont des consonnes (Juss. pour de Jussieu; Rich. pour Richard).

Lorsqu'on est forcé d'abréger moins, pour éviter une confusion entre les noms qui commencent par les mêmes syllabes, on suit le même système, en donnant, par exemple, deux syllabes avec la ou les premières consonnes de la troisième, ou bien l'on indique une des dernières consonnes caractéristiques du nom (Bertol. pour Bertoloni, afin de distinguer de Bertero; Michx pour Michaux, afin de distinguer de Micheli). Le noms de baptême ou les désignations accessoires, propres à distinguer deux botanistes du même nom, s'abrègent de la même manière (Adr. Juss. pour Adrien de Jussieu, Gærtn. fil. ou Gærtn. f. pour Gærtner filius).

Lorsque l'usage est bien établi d'abréger un nom d'une autre manière le mieux est de s'y conformer (L. pour Linné, DC. pour De Candolle, St-Hil. pour de Saint-Hilaire).

Dans les publications destinées au public en général, et dans les titres, il est préférable de ne pas abréger.

XXV bis. La citation en parenthèse d'un auteur primitif est surtout utile en l'absence de synonymie ou lorsque cette dernière est chargée. En paléobotanique, l'usage est de toujours citer en parenthèse l'auteur primitif de l'épithète d'une espèce ou d'une subdivision d'espèce déplacée.

XXV ter. La citation d'auteurs antérieurs au point de départ de la nomenclature d'un groupe s'indiquera, lorsqu'on le juge utile ou désirable, de préférence entre crochets ou au moyen de l'expression ex. L'application de ce mode de faire trouvera surtout sa place en mycologie lorsqu'il s'agit de renvoyer à des auteurs antérieurs à Fries ou à Persoon. Exemples: *Lupinus* [Tournef. *Inst.* 392, t. 213 (1719)] L. *Sp.* ed. 1, 721 (1753) et *Gen.* ed. 4, 332, ou *Lupinus* Tournef. ex L. — *Boletus piperatus* [Bull. *Hist. Champ. Fr.* 318, t. 451, f. 2 (1791—1812)] Fries *Syst. Myc.* I, 388 (1821), ou *Boletus piperatus* Bull. ex Fr.

Section 6. Des noms à conserver lorsqu'un groupe est divisé, remanié, transporté, élevé ou abaissé, ou quand deux groupes de même ordre sont réunis, ou lorsqu'il s'agit de groupes à cycle évolutif pléomorphe.

Art. 44. Un changement de caractères, ou une revision qui entraîne l'exclusion de certains éléments d'un groupe ou des additions de nouveaux éléments, n'autorisent pas à changer le nom ou les noms du groupe, à moins qu'il ne s'agisse d'un cas prévu à l'art. 51.

Exemples. — Le genre *Myosotis* a été autrement compris par R. Brown que par Linné, mais le nom n'a pas été et ne doit pas être changé. — Divers auteurs ont réuni au *Centaurea Jacea* L. une ou deux espèces que Linné en avait séparées; le groupe ainsi constitué devrait s'appeler *Centaurea Jacea* L. sensu ampl. ou *Centaurea Jacea* L. em. Visiani, em. Godron, etc.; la création d'un nom nouveau tel que *Centaurea vulgaris* Godr. est superflue.

Art. 45. Lorsqu'un genre est divisé en deux ou plusieurs, le nom doit être conservé et il est donné à l'une des divisions principales. Si le genre contenait une section ou autre division qui, d'après son nom ou ses espèces, était le type ou l'origine du groupe, le nom est réservé pour cette partie. S'il n'existe pas de section ou subdivision pareille, mais qu'une des fractions détachées soit beaucoup plus nombreuse en espèces que les autres, c'est à elle que le nom doit être réservé.

Exemples. — Le genre *Helianthemum* L. comprenait pour Dunal (in DC. *Prodr.* I. 266—284, ann. 1824) 112 espèces bien connues distribuées dans 9 sections; plusieurs de ces sections ont été depuis cette époque élevées au rang de genres (*Fumana* Spach, *Tuberaria* Spach), mais le nom *Helianthemum* a été conservé aux divisions groupées autour de la section *Euhelianthemum*. — Le genre *Convolvulus* L. em. Jacq. a été divisé en deux par R. Brown en 1810 (*Prodr. fl. Nov. Holl.* p. 482 et 483); l'auteur a appelé *Calystegia* un des genres dérivés qui ne comptait à cette époque que 4 espèces, et a réservé le nom de *Convolvulus* pour l'autre genre dérivé qui comptait à cette époque un. nombre beaucoup plus grand d'espèces. — De même Salisbury (in *Trans. Linn. Soc.* VI, 317, ann 1802), séparant l'*Erica vulgaris* L. du genre *Erica*, sous le nom de *Calluna*, a conservé le nom d'*Erica* pour la grande masse des espèces restantes. — Le genre *Aesculus* L. contient les sections *Eu-Aesculus*, *Pavia* (Poir.), *Macrothyrsus* (Spach) et *Calothyrsus* (Spach), dont les trois dernières étaient envisagées par les auteurs primitifs comme des genres distincts. Si l'on retient ces genres, le nom d'*Aesculus* doit être conservé pour l'*Aesculus Hippocastanum* L. qui représente indiscutablement le type du genre *Aesculus* fondé par Linné (*Sp. pl.* ed. 1, 344), ainsi que cela ressort de la comparaison avec Linné *Hort. Cliff.* 142, et avec les anciennes éditions du *Gen. Pl.* (ed. 1, 310; ed. 2, 367); on ne peut utiliser le nom d'*Hippocastanum*, emprunté à Tournefort, ainsi que l'a fait Gærtner (*Fruct.* II, 135).

Art. 46. Dans le cas de réunion de deux ou plusieurs groupes de même nature, le nom le plus ancien subsiste. Si les noms sont de même date, l'auteur choisit et ce choix ne peut plus être modifié par les auteurs subséquents.

Exemples. — Hooker f. et Thomson (*Fl. Ind.* p. 67, ann. 1855) ont réuni les genres *Wormia* Rottb. et *Capellia* Bl.; ils ont appelé *Wormia* le genre ainsi formé, parce que ce dernier nom date de 1783, tandis que *Capellia* date de 1825. — Lorsqu'on réunit en un seul les deux genres *Cardamine* et *Dentaria*, admis simultanément par Linné (*Sp. pl.* ed. 1, p. 653 et 654, ann. 1753; *Gen. pl.* ed. 5, n. 726 et 727), le genre collectif qui en résulte doit s'appeler *Cardamine*, parce que ce nom a été choisi par Crantz (*Class. Crucif.* p. 126, ann. 1769) et que Crantz a le premier effectué cette réunion. — H. Hallier (in Engl. *Bot. Jahrb.* XVIII, 123) a réuni les trois espèces suivantes du genre *Ipomoea*: *I. verticillata* Forsk. (1775), *I. rumicifolia* Choisy (1834) et *I. Perrottetii* Choisy (1845);

4

l'espèce ainsi formée doit continuer à s'appeler *I. verticillata* Forsk., puisque le nom dû à Forskhal est le plus ancien. — Swartz (*Prodr.* 16) a décrit deux *Piper: P. glabellum* et *P. scandens*, que cet auteur a dans la suite considérés comme appartenant à la même espèce, choisissant le nom de *P. glabellum*. C'est ce dernier nom, et non pas celui de *P. scandens*, qui doit être conservé pour le groupe spécifique ainsi formé.

Recommandations.

XXVI. Les auteurs qui ont à choisir entre deux noms génériques tiendront compte des recommandations suivantes:

1° Entre deux noms de même date, préférer celui qui le premier a été accompagné d'une description d'espèce.

2° Entre deux noms de même date, et tous deux accompagnés de descriptions d'espèces, préférer celui qui, au moment où l'auteur fait son choix, renferme le plus grand nombre d'espèces.

3° En cas d'égalité à ces divers points de vue, préférer le nom le plus correct et le mieux approprié.

XXVII. Dans le cas où plusieurs genres sont réunis à titre de sous-genres ou de sections sous un nom collectif, celle des subdivisions qui a été la plus anciennement distinguée ou décrite peut conserver son nom (ex.: *Anarrhinum* sect. *Anarrhinum; Hemigenia* sect. *Hemigenia*), ou être précédée d'un préfixe (*Anthriscus* sect. *Eu-Anthriscus*), ou suivie d'un suffixe (*Stachys* sect. *Stachyotypus*). Ces préfixes ou suffixes tombent lorsqu'on rend à ces subdivisions leur rang générique.

XVIII. Dans le cas où plusieurs espèces sont réunies à titre de sous-espèces ou de variétés sous un nom collectif, celle des subdivisions qui a été le plus anciennement distinguée ou décrite peut conserver son nom (ex.: *Saxifraga aspera* subsp. *aspera*), ou être précédée d'un préfixe (*Alchemilla alpina* subsp. *eu-alpina*), ou désignée par quelque autre dénomination consacrée par l'usage (*normalis, genuinus, typicus, originarius, verus, veridicus*, etc.). Ces préfixes ou ces termes tombent lorsqu'on rend à ces subdivisions leur rang spécifique.

Art. 47. Lorsqu'on divise une espèce ou une subdivision d'espèce en deux ou plusieurs groupes de même nature, si l'une des formes a été plus anciennement distinguée ou décrite, le nom lui est conservé.

Exemple. — Le groupe du *Genista horrida* DC. *Fl. franç.* IV, 500, a été divisé par Spach (in *Ann. sc. nat.* sér. 3, II, 253, ann. 1844) en trois espèces: *G. horrida* DC., *G. Boissieri* Spach et *G. Webbii* Spach; le nom de *G. horrida* a été et doit être réservé à la forme la plus anciennement décrite et figurée par Vahl et Gilibert. — On a séparé du *Primula denticulata* Sm. *Exot. Bot.* II, 109, tab. 114, plusieurs espèces (*Primula cashmiriana* Munro, *P. erosa* Wall.), mais le nom *P. denticulata* a été et doit être conservé pour la forme que Smith a décrite et figurée sous ce nom.

Art. 48. Lorsqu'une subdivision de genre ou une espèce est portée dans un autre genre, lorsqu'une subdivision d'espèce est portée au même titre dans une autre espèce, le nom primitif de la subdivision de genre, l'épithète spécifique princeps ou la dénomination originale de la division d'espèce doit être conservée ou doit être rétablie, à moins que, dans la nouvelle position, il n'existe un des obstacles indiqués aux articles de la section 7.

Exemples. — Le sous-genre *Alfredia* Less. (*Syn.* p. 6, ann. 1832) du genre *Rhaponticum* placé dans le genre *Carduus* y conserve son nom: *Carduus* sect. *Alfredia* Benth. et Hook. fil.; la section *Vaccaria* DC. du genre *Saponaria*, placée dans le genre *Gypsophila*, y conserve son nom: *Gypsophila* sect. *Vaccaria* Gren. et Godr. — Le *Lotus siliquosus* L. *Syst.* ed. 10, p. 1178 (ann. 1759) transporté dans le genre *Tetragonolobus*, doit s'appeler *Tetragonolobus siliquosus* Roth *Tent. fl. germ.* I, 323 (ann. 1788), et non pas *Tetragonolobus Scandalida* Scop. *Fl. carn.* ed. 2, II, 87 (ann. 1772). — Le *Betula incana* L. f. *Suppl.* p. 417 (ann. 1781) transporté dans le genre *Alnus*, doit s'appeler *Alnus incana* Willd. *Sp.* IV, 335 (ann. 1805) et non pas *Alnus lanuginosa* Gilib. *Exerc. phytol.* II,

402 (ann. 1792). — Le *Satyrium nigrum* L. *Sp.* ed. 1, 944 (ann. 1753), placé dans le genre *Nigritella*, doit s'appeler *Nigritella nigra* Reichb. f. *Ic. fl. germ. et helv.* XIV, 102 (ann. 1851) et non pas *Nigritella angustifolia* Rich. in *Mém. Mus. Par.* IV, 56 (ann. 1818). — La variété γ. *micranthum* Gren. et Godr. (*Fl. France* I, 171, ann. 1848) de l'*Helianthemum italicum* Pers., transportée au même titre dans l'*H. penicillatum* Thib. ,y conserve son nom: *H. penicillatum* var. α. *micranthum* Grosser (in Engler *Pflanzenreich*, Heft 14, p. 115, ann. 1903). — La variété *subcarnosa* Hook. fil. (*Bot. Antarct. Voy.* I, 5, ann. 1847) du *Cardamine hirsuta* L., transportée au même titre dans le *C. glacialis* DC., y conserve son nom: *C. glacialis* var. *subcarnosa* O. E. Schulz (in Engler *Bot. Jahrb.* XXII, 542, ann. 1903); la citation d'un synonyme plus ancien (*Cardamine propinqua* Carmichael in *Trans. Linn. Soc.* XII, 507, ann. 1818) n'a aucune influence sur le choix du nom de la variété (voy. art. 49). — Dans tous ces cas, les combinaisons de noms plus anciennes, mais incorrectes, doivent céder le pas aux combinaisons plus récentes dans lesquelles la règle a été observée.

Art. 49. Lorsqu'une tribu devient famille, qu'un sous-genre ou une section devient genre, qu'une subdivision d'espèce devient espèce, ou que des changements ont lieu dans le sens inverse, et d'une façon générale lorsqu'un groupe change de rang hiérarchique, on doit considérer comme valable le premier nom (ou la première combinaison de noms) reçu par le groupe dans sa nouvelle position, si il est conforme aux règles et à moins qu'il n'existe un des obstacles indiqués aux articles de la section 7.

Exemples. — La section *Campanopsis* R. Br. (*Prodr. fl. Nov. Holl.* p. 561, ann. 1810) du genre *Campanula*, transformée pour la première fois en genre par Schrader, doit s'appeler *Wahlenbergia* Schrad. *Cat. hort. Gœtt.* ann. 1814, et non pas *Campanopsis* O. Kuntze *Rev. gen.* II, p. 373 (ann. 1891). — Le *Magnolia virginiana* L. var. *foetida* L. *Sp.*, ed. 1, p. 536 (ann. 1753) élevé au rang d'espèce, doit s'appeler *Magnolia grandiflora* L. *Syst. Nat.* ed. 10, p. 1082 (ann. 1759) et non pas *Magnolia foetida* Sarg. in *Gard. and For.* II, 615 (ann. 1889). — Le *Mentha spicata* L. var. *viridis* L. *Sp.*, ed. 1, p. 576 (ann. 1753) élevé au rang d'espèce par Hudson, doit s'appeler *Mentha spicata* Huds. *Fl. angl.* ed. 1, p. 221 (ann. 1762) et non pas *Mentha viridis* L. Sp. ed. 2, p. 804 (ann. 1763). — Le *Lythrum intermedium* Ledeb. (*Ind. hort. Dorp.* ann. 1822), envisagé comme une variété du *L. Salicaria* L., doit s'appeler *L. Salicaria* var. *gracilius* Turcz. (in *Bull. Soc. nat. Moscou* XVII, 235, ann. 1844), et non pas *L. Salicaria* var. *intermedium* Koehne (in Engl. *Bot. Jahrb.* I, 327, ann. 1881). — Dans tous ces cas, les noms créés en vertu de l'ancienne règle d'Alph. de Candolle doivent céder le pas aux noms et aux combinaisons de noms plus anciennes.

Recommandations. — Les auteurs qui ont à effectuer les déplacements visés à l'art. 49 tiendront compte des recommandations suivantes destinées à éviter qu'un groupe ne change de nom en changeant de rang hiérarchique.

XXXI. 1° Lorsqu'une sous-tribu devient tribu, qu'une tribu devient sous-famille, qu'une sous-famille devient famille, etc., ou que des changements ont lieu dans l'ordre inverse, ne pas changer la racine du nom, mais seulement la désinence (-*inae*, -*eae*, -*oideae*-, -*aceae*, -*ineae*, -*ales*, etc.), à moins que, dans la nouvelle position, il n'existe un des obstacles indiqués aux articles de la section 7, ou que la nouvelle désignation ne soit une cause d'erreur, ou pour tout autre motif grave.

2° Lorsqu'une section ou un sous-genre devient un genre, ou que des changements ont lieu dans l'ordre inverse, conserver les noms anciens, pourvu qu'il n'en résulte pas deux genres du même nom dans le même règne végétal, ou deux subdivisions du même nom dans le même genre, ou qu'il n'existe un des obstacles indiqués aux articles de la section 7.

3° Lorsqu'une subdivision d'espèce devient espèce ou que des changements ont lieu en sens inverse, laisser subsister les épithètes primitives des groupes, pourvu qu'il n'en résulte pas deux espèces du même nom dans le même genre, ou deux subdivisions du même nom dans la même espèce, ou qu'il n'existe un des obstacles indiqués à la section 7.

4*

Art. 49 bis. Chez les Champignons à cycle évolutif pléomorphe, les divers états successifs d'une même espèce (anamorphoses, status) ne portent qu'un seul nom générique et spécifique (binome): le plus ancien qui ait été donné à partir de Fries, Systema, ou de Persoon, Synopsis, à l'état contenant la forme que l'on est convenu d'appeler parfaite, à condition qu'il soit d'ailleurs conforme aux règles.

On admet comme état parfait celui qui aboutit au stade de l'asque chez les Ascomycètes, à la baside chez les Basidiomycètes, à la téleutospore ou son équivalent dans les Uredinales, à la spore dans les Ustilaginales.

Les noms génériques et spécifiques donnés aux autres états n'ont qu'une valeur temporaire. Ils ne peuvent pas servir à remplacer un nom générique dejà existant et s'appliquant à une ou plusieurs espèces, l'une quelconque desquelles contient la forme dite »parfaite«.

La nomenclature des Champignons à cycle évolutif non pléomorphe suit les règles ordinaires.

Exemples. — Les noms d'*Aecidium* Pers., *Caeoma* Link et *Uredo* Pers. désignent des états divers (aecidiosporique avec ou sans pseudopéridie, urédosporique) dans le groupe des *Uredinales*. Le nom générique *Melampsora* Cast. [*Obs.* II, 18 (1843)], appliqué à un genre défini au moyen des téleutospores, ne peut donc être remplacé par le nom d'*Uredo* Pers. [in Römer *Neu. Mag.* I, 93 (1794)], puisque le nom d'*Uredo* est déjà en usage pour désigner un état imparfait. — Parmi les Dothidéacées (Discomycètes) une espèce du genre *Phyllachora* Nitschke, le *P. Trifolii* (Pers.) Fuck. *Symb.* 718 (1869—70), possède un synonyme plus ancien dans le *Polythrincium Trifolii* G. Kunze *Myk. Heft* I, 13, t. 1, f. 8 (1817) basé sur l'état conidien de cette espèce. On ne peut substituer le nom de *Polythrincium* à celui de *Phyllachora*, parcequ'il s'agit d'un état inférieur. — On désigne sous le nom de *Phoma* Fries emend. Desm. un groupe de Champignons imparfaits (Deutéromycètes, Fungi imperfecti), dont plusieurs représentants ont été reconnus comme étant l'état spermogonien d'espèces du genre *Diaporthe* (Valsacées, Ascomycètes): le *Phoma Ailanthi* Sacc. appartient au *Diaporthe Ailanthi* Sacc., le *Phoma alnea* (Nitschke) Sacc. appartient au *Diaporthe alnea* Fuck., le *Phoma detrusa* (Fries) Fuck. appartient au *Diaporthe detrusa* Sacc. etc. Mais on ne connait pas l'état parfait de beaucoup d'espèces du »genre« *Phoma* et, pour plusieurs, cet état n'existe-t-il peut-être même pas. D'où le nécessité de maintenir le nom de *Phoma* pour désigner le groupe de Champignons imparfaits en question.

Section 7. **Des noms à rejeter, changer ou modifier.**

Art. 50. Nul n'est autorisé à rejeter, changer ou modifier un nom (ni une combinaison de noms) sous prétexte qu'il est mal choisi, qu'il n'est pas agréable, qu'un autre est meilleur ou plus connu, ni à cause de l'existence d'un homonyme plus ancien et universellement considéré comme non valable, ni pour tout autre motif contestable ou de peu de valeur. (Voy. aussi l'art. 57.)

Exemples. — Cette règle a été violée lorsqu'on a changé *Staphylea* en *Staphylis*, *Tamus* en *Thamnos*, *Mentha* en *Minthe*, *Tillaea* en *Tillia*, *Vincetoxicum* en *Alexitoxicon*; ou *Orobanche Rapum* en *O. sarothamnophyta*, *O. Columbariae* en *O. columbarihaerens*, *O. Artemisiae* en *O. artemisiepiphyta*. Toutes ces modifications contraires à l'art. 50 doivent être rejetées. — Le nom *Diplomorpha* Meissn. in *Regensb. Denkschr.* III, 289 (ann. 1841) ne doit pas être substitué au nom générique *Wickstroemia* Endl. *Prodr. fl. Norfolk.*, p. 47 (ann. 1833) à cause des homonymes antérieurs *Wi(c)kstroemia* Schrad. *Gœtt. gel. Ans.*, p. 710 (ann. 1821) et *Wi(c)kstroemia* Spreng. in *Vet. Akad. Handl. Stockh.*, ann. 1821, p. 161, t. 3, car le premier est un simple synonyme du genre *Laplacea* Kunth (1821) et le second d'une subdivision du genre *Eupatorium* L. (ann. 1753).

Recommandations. — Voy. au sujet des homonymes les recommandations V *b* et XIV *f* qui prescrivent d'éviter à l'avenir les cas de ce genre.

Art. 51. Chacun doit se refuser à admettre un nom dans les cas suivants:

1º Quand ce nom est appliqué dans le règne végétal à un groupe nommé antérieurement d'un nom valable.

2º Quand il forme double emploi dans les noms de classes, d'ordres, de familles ou de genres, ou dans les noms des subdivisions ou espèces du même genre, ou dans les noms des subdivisions de la même espèce.

3º Quand il est basé sur une monstruosité.

4º Quand le groupe qu'il désigne embrasse des éléments tout à fait incohérents, ou qu'il devient une source permanente de confusion ou d'erreurs.

5º Quand il est contraire aux règles des sections 4 et 6.

Exemples. — 1º *Carelia* Adans. (ann. 1763) est un nom qui a été appliqué par son auteur à un genre qui avait déjà reçu antérieurement un nom valable (*Ageratum* L., ann. 1753) (*synonyme*); de même, *Trichilia alata* N. E. Brown (in *Kew Bull.*, ann. 1896, p. 160) est un nom que l'on ne peut conserver, parce que synonyme du *T. pterophylla* C. DC. (in *Bull. Herb. Boiss.* III, 581, ann. 1894). — 2º *Tapeinanthus*, nom donné par Boissier à un genre de Labiées, a été changé par Th. Durand en *Thuspeinanta*, pour éviter un double emploi avec le genre *Tapeinanthus* Herb., plus anciennement décrit parmi les Amaryllidacées (*homonyme*); de même, l'*Astragalus rhizanthus* Boiss. (*Diagn. Pl. Or.*, sér. 1, II, 83, ann. 1843) a été débaptisé en *A. cariensis* Boiss. parce qu'il existait un homonyme antérieur valable (*Astragalus rhizanthus* Royle *Illustr. Bot. Himal.* p. 200, ann. 1885). — 3º Le genre *Uropedium* Lindley a été basé sur une monstruosité aujourd'hui rapportée au *Phragmopedilum caudatum* Rolfe. — 4º Le genre *Schrebera* L. emprunte ses caractères aux genres *Cuscuta* et *Myrica* (parasite et hôte) et doit être annulé; *Lemoirea* De Vr. est un groupe composé d'éléments empruntés à plusieurs familles différentes et dont le nom doit être annulé. Linné a décrit sous le nom de *Rosa villosa* une plante qui a été rapportée à plusieurs espèces différentes et dont l'interprétation certaine paraît impossible; pour éviter la confusion qui résulte de l'emploi du nom *Rosa villosa*, il est préférable dans ce cas, comme dans d'autres analogues, d'abandonner complètement ce nom. — 5º Voy. les exemples cités aux articles 48 et 49.

Art. 52. Un nom d'ordre, sous-ordre, famille ou sous-famille, tribu ou sous-tribu, doit être changé lorsqu'il est tiré d'un genre qu'on reconnaît ne pas faire partie du groupe en question.

Exemples. — S'il venait à être démontré que le genre *Portulaca* ne fait pas partie de la famille des Portulacées, le nom *Portulacaceae* donné à cette famille devrait être changé. — Nees (in Hooker and Arnott *Bot. Beechey's Voy.* p. 237, ann. 1836), a donné le nom de *Tristegineae* à une tribu de Graminées d'après le genre *Tristegis* Nees (un synonyme du genre *Melinis* Beauv.). Mais le genre *Melinis* (*Tristegis*) ayant été exclu de cette tribu par M. Stapf (in *Fl. cap.* VII, 313) et par M. Hackel (in *Oesterr. bot. Zeitschr.* LI, 464), ces auteurs ont adopté le nom *Arundinelleae*, tiré du genre *Arundinella*.

Art. 53. Lorsqu'un sous-genre, une section ou une sous-section passe au même titre dans un autre genre, le nom doit être changé s'il existe déjà dans le genre un groupe valable de même ordre sous ce nom.

Lorsqu'une espèce est portée d'un genre dans un autre, son épithète specifique doit être changée si elle existe déjà pour une des espèces valables du genre. De même lorsqu'une sous-espèce, variété ou autre subdivision d'espèce est portée dans une autre espèce, le nom en doit être changé s'il existe déjà dans l'espèce pour une modification valable du même ordre.

Exemples. — Le *Spartium biflorum* Desf. (ann. 1798—1800) transporté par Spach en 1849 dans le genre *Cytisus* n'a pu être appelé *Cytisus biflorus*, mais a reçu le nom de *Cytisus Fontanesii* à cause de l'existence du *Cytisus biflorus* L'Hérit. (ann. 1789), espèce valable pour l'auteur. — Le plus ancien synonyme du *Calochortus Nuttallii* Torr. et Gray (in *Pacific Rail. Rep.* II, 124, ann. 1855—1856) est le *Fritillaria alba* Nutt. (*Gen. Amer.* I, 222, ann. 1818); mais on ne peut restituer à cette espèce son épithète spécifique primitive (ainsi que cela a été fait dans le *Notizbl. des k. bot. Gart. und Mus. Berl.* II, 319, ann. 1899), parce qu'il existe déjà une espèce valable dans le genre sous le nom de *Calochortus albus* (Dougl. in Maund *Botanist* t. 98, ann. 1839).

Art. 54. Les noms de genre doivent en outre être rejetés dans les cas particuliers qui suivent:

1⁰ Quand ils coïncident avec un terme technique couramment employé en morphologie, à moins qu'ils n'aient été introduits avec des noms d'espèces.

2⁰ Lorsqu'ils proviennent d'une nomenclature spécifique uninominale.

3⁰ Lorsqu'ils sont composés de deux mots, à moins que ces deux mots n'aient été dès le début fusionnés en un seul ou reliés par un tiret.

Exemples. — 1⁰ Des noms génériques tels que *Lignum, Radix, Spina, Radicula*, etc., ne seraient pas admissibles aujourd'hui; en revanche on ne rejetterait pas un nom générique tel que *Tuber* lorsqu'il a été publié avec des noms spécifiques (*Tuber cibarium*, etc.). — 2⁰ Ehrhart (*Phytophylacium*, ann. 1780 et *Beiträg.* IV, 145—150) a employé une nomenclature uninominale pour des espèces connues à cette époque sous des noms binaires (*Phaeocephalum, Leptostachys*, etc.). Ces noms, semblables aux noms génériques, ne doivent pas être confondus avec eux et sont à rejeter, à moins que, plus tard, un auteur ne leur ait donné la valeur d'un nom générique (par ex. *Baeothryon*, expression uninominale d'Ehrhart, a été appliqué à un genre caractérisé par A. Dietrich *Spec. pl.* II, 89, ann. 1833). — 3⁰ Ex. *Quisqualis, Sebastiano-Schaueria, Neves-Armondia* sont des noms qui doivent être conservés.

Art. 55. Les noms (soit épithètes) spécifiques doivent aussi être rejetés dans les cas particuliers qui suivent:

1⁰ Quand ils sont des adjectifs ordinaux ayant servi à une énumération.

2⁰ Quand ils répètent purement et simplement le nom générique.

Exemples. — 1⁰ *Boletus vicesimus sextus, Agaricus octogesimus nonus.* — 2⁰ *Linaria Linaria, Raphanistrum Raphanistrum*, etc.

Art. 56. Dans les cas prévus aux articles 51 à 55, le nom à rejeter ou à changer est remplacé par le plus ancien nom valable existant pour le groupe dont il s'agit, et à défaut de nom valable ancien un nom nouveau doit être créé. Par nom valable, on entend ici un nom, et en particulier une combinaison de noms, créés en conformité avec l'ensemble des règles de la nomenclature. L'auteur d'une combinaison nouvelle peut, à son gré, emprunter l'épithète spécifique à un ancien binome non valable (»nom mort-né«), ou en employer une nouvelle.

Exemples. — Le *Linum Radiola* L. (1753) placé dans le genre *Radiola* doit s'appeler *Radiola linoides* Roth (1788); rien n'oblige à faire intervenir le synonyme plus ancien *Linum multiflorum* Lamk (1778), cette combinaison étant contraire à l'art. 51, 1⁰ des Règles. — Le *Peucedanum Silaus* L. (1753) placé dans le genre *Silaus* doit s'appeler *Silaus flavescens* Bernh. (1800): rien n'oblige à faire intervenir le synonyme plus ancien *Seseli selinoides* Jacq. (1762), cette combinaison étant contraire à l'art. 48 des Règles. — Le *Polypodium montanum* Vogl. (1781) non Lamk (1778) = *P. Oreopteris*

Ehrh. ex Willd. (1787), placé dans le genre *Dryopteris*, doit s'appeler *D. Oreopteris* Max.: rien n'oblige à faire intervenir le synonyme plus ancien *Polypodium montanum* Vogl., cette combinaison étant contraire aux Règles art. 51, 2°. Il est vrai que le *P. montanum* Lamk a été déplacé plus tard dans le genre *Cystopteris* [*C. montana* (Lamk) Desv.], mais le genre *Cystopteris* ne date lui-même que de l'année 1806: Ehrhart ne pouvait donc ni le prévoir, ni en tenir compte. — Voy. aussi les exemples cités aux art. 51 et 53.

Art. 57. La graphie originale d'un nom doit être conservée, excepté dans le cas d'une erreur typographique ou orthographique. Quand la différence qui existe entre deux noms, en particulier deux noms génériques, porte sur la désinence, ne fût-ce que par une seule lettre, ces deux noms seront regardés comme différents.

Exemples de noms différents: *Rubia* et *Rubus*, *Monochaete* et *Monochaetum*, *Peponia* et *Peponium*, *Iria* et *Iris*.

Recommandations.

XXX. On doit user de la faculté des corrections orthographiques avec réserve, particulièrement si le changement doit porter sur la première syllabe, surtout sur la première lettre du nom.

XXXI. Beaucoup de noms ne diffèrent que par une seule lettre sans qu'il y ait risque de confusion (ex. *Durvillea* et *Urvillea*). Dans les cas où une presque identité risquerait de produire des erreurs (ex. *Astrostemma* et *Asterostemma* dans la même famille des Asclépiadacées, *Pleuripetalum* et *Pleuropetalum* dans celle des Orchidacées) on conservera seulement l'un des noms (le plus ancien) en appliquant l'art. 51, 4°.

Chapitre IV. **Modification des règles de la nomenclature botanique.**

Art. 58. Les règles de la nomenclature botanique ne peuvent être modifiées que par des auteurs compétents dans un Congrès international convoqué en temps voulu dans ce but.

Annexe. **Recommandations diverses.**

XXXII. Les botanistes emploient dans les langues modernes les noms scientifiques latins ou ceux qui en dérivent immédiatement, de préférence aux noms d'une autre nature ou d'une autre origine. Ils évitent de se servir de ces derniers noms, à moins qu'ils ne soient très clairs et très usuels.

XXXIII. Tout ami des sciences doit s'opposer à l'introduction dans une langue moderne de noms de plantes qui n'y existent pas, à moins qu'ils ne soient dérivés des noms botaniques latins, au moyen de quelque légère modification.

XXXIV. Le système métrique est seul employé en botanique pour l'évaluation des poids et mesures. Le pied, le pouce, la ligne, la livre, l'once, etc., devraient être rigoureusement bannis du langage scientifique.

Les altitudes, les profondeurs, les vitesses et toute mesure généralement quelconque sont exprimées en mètres. Les brasses, les nœuds, les milles marins, etc., devraient disparaître du langage scientifique.

XXXV. On cotera les très petites dimensions en μ (μ métrique, micromillimètres, microns ou millièmes de millimètres), et non point en fractions de millimètres ou de lignes, etc., les fractions encombrées de zéros et de virgules pouvant plus facilement donner lieu à des erreurs.

XXXVI. Les auteurs sont invités à indiquer d'une façon claire et précise l'échelle des figures qu'ils publient.

XXXVII. Les températures s'expriment en degrés du thermomètre centigrade de Celsius.

XXXVIII. Il est de la plus grande importance que les originaux ayant servi à décrire des groupes nouveaux soient conservés. Chez les Cryptogames microscopiques, on conservera les préparations et les dessins originaux; chez les Champignons charnus, on conservera des aquarelles et des échantillons convenablement préparés ou desséchés, etc.

III. International rules of Botanical Nomenclature.

Chapter I. General considerations and leading principles.

Art. 1. Natural history can make no progress without a regular system of nomenclature, which is recognized and used by the great majority of naturalists in all countries.

Art. 2. The prescriptions which govern the exact system of botanical nomenclature are divided into *principles*, *rules* and *recommendations*. The principles (art. 1—9, 10—14 and 15—18) are the foundation of the rules and recommendations. The rules (art. 10—58), destined to put in order the nomenclature which the past has bequeathed to us, and to form the basis for the future, are always retroactive: names or forms of nomenclature which are contrary to a rule cannot be maintained. Recommendations bear on secondary points, their object being to ensure for the future a greater uniformity and clearness in nomenclature: names or forms of nomenclature contrary to a recommendation are not a model to copy, but cannot be rejected.

Art. 3. The rules of nomenclature should neither be arbitrary nor imposed by authority. They must be simple and founded on considerations clear and forcible enough for everyone to comprehend and be disposed to accept.

Art. 4. The essential points in nomenclature are: 1. to aim at fixity of names; 2. to avoid or to reject the use of forms and names which may cause error or ambiguity or throw science into confusion.

Next in importance is the avoidance of all useless creation of names.

Other considerations, such as absolute grammatical correctness, regularity or euphony of names, more or less prevailing custom, respect for persons, etc., notwithstanding their undeniable importance are relatively accessory.

Art. 5. No custom contrary to rule can be upheld if it leads to confusion or error. When a custom offers no serious inconvenience of this kind, it may be a ground for exceptions which we must however abstain from extending or copying. Finally in the absence of rule, or where the consequences of rules are doubtful, established custom becomes law.

Art. 6. The principles and forms of nomenclature should be as similar as possible in botany and in zoology; but botanical nomenclature is entirely independent of zoological nomenclature.

Art. 7. Scientific names are in latin for all groups. When taken from another language, a latin termination is given them, except in cases sanctioned by custom. If translated into a modern language, it is desirable that they should preserve as great a resemblance as possible to the original latin names.

Art. 8. Nomenclature comprises two categories of names: 1. Names, or rather terms, which express the nature of the groups comprehended one within the other. 2. Names peculiar to each of the groups of plants that observation has made known.

Art. 9. The rules and recommendations of botanical nomenclature apply to all classes of the plant kingdom, recent and fossil, with exceptions which are expressly specified.

Chapter II. On the manner of designating the nature and the subordination of the groups which constitute the plant kingdom.

Art. 10. Every individual plant belongs to a species *(species)*, every species to a genus *(genus)*, every genus to a family *(familia)*, every family to an order *(ordo)*, every order to a class *(classis)*, every class to a division *(divisio)*.

Art. 11. In many species we distinguish varieties *(varietas)* and forms *(forma)*, in the case of parasites special forms *(forma specialis)*; and in some cultivated species, modifications still more numerous; in many genera sections *(sectio)*, in many families tribes *(tribus)*.

Art. 12. Finally if circumstances require us to distinguish a greater number of intermediate groups, it is easy, by putting the syllable *sub* before the name of a group, to form subdivisions of that group. In this way subfamily *(subfamilia)* designates a group between a family and a tribe, subtribe *(subtribus)* a group between a tribe and a genus, etc. The arrangement of subordinate groups may thus be carried, for wild plants only, to twenty-two degrees, in the following order: Regnum vegetabile. Divisio. Subdivisio. Classis. Subclassis. Ordo. Subordo. Familia. Subfamilia. Tribus. Subtribus. Genus. Subgenus. Sectio. Subsectio. Species. Subspecies. Varietas. Subvarietas. Forma. Forma specialis. Individuum.

If this list of groups is insufficient it can be augmented by the intercalation of supplementary groups, so long as these do not introduce confusion or error.

Example: *Series* and *Subseries* are groups which can be intercalated between subsection and species.

Art. 13. The definition of each of these names of groups varies, up to a certain point, according to individual opinion and the state of the science, but their relative order, sanctioned by custom must not be altered. No classification is admissible which contains such alterations.

Examples of inadmissible alterations are, — a form divided into varieties, a species containing genera, a genus containing families or tribes.

Art. 14. The fertilization of one species by another gives rise to a hybrid *(hybrida)*; that of a modification or subdivision of a species by another modification of the same species gives rise to a half-breed *(mistus, mule* of florists).

5

Recommendations.

I. The arrangement of species in a genus or in a subdivision of a genus is made by means of typographic signs, letters or numerals. Hybrids are arranged after one of the parent species, with the sign $\times$ placed before the generic name.

The arrangement of subspecies under a species is made by letters or numerals; that of varieties by the series of greek letters α, β, γ, etc. Groups below varieties and also half-breeds are indicated by letters, numerals or typographic signs at the author's will.

Modifications of cultivated plants should be associated, as far as possible, with the species from which they are derived.

Ibis. In the case of parasites, especially parasitic fungi, authors who do not give specific value to forms characterized from a biological standpoint but scarcely or not at all from a morphological standpoint, should distinguish within the species special forms (*forma specialis, f. sp.*) characterized by their adaptation to different hosts.

Chapter III. On the manner of designating each group or association of plants.

Section 1. General principles; priority.

Art. 15. Each natural group of plants) can bear in science only one valid designation, namely the oldest, provided that it is in conformity with the rules of nomenclature and the conditions laid down in articles 19 and 20 of section 2.

Art. 16. The designation of a group by one or several names is not for the purpose of describing the characters or the history of the group, but that we may be understood when we wish to speak of it.

Art. 17. No one should change a name or a combination of names without serious motives, based on a more profound knowledge of facts, or on the necessity of giving up a nomenclature that is contrary to rules.

Art. 18. The form, number and arrangement of names depend on the nature of each group, according to the following rules.

Section 2. Point of departure for nomenclature; limitation of principle of priority.

Art. 19. Botanical nomenclature begins for the different groups of plants (recent and fossil) at the following dates [1].

a) Phanerogamae und Pteridophyta, 1753 (Linnaeus, *Species Plantarum,* ed. 1).

b) Muscineae, 1801 (Hedwig, *Species Muscorum*).

c) Sphagnaceae and Hepaticae, 1753 (Linnaeus, *Species Plantarum,* ed. 1).

d) Lichenes, 1753 (Linnaeus, *Species Plantarum,* ed. 1).

e) Fungi: Uredinales, Ustilaginales and Gasteromycetes, 1801 (Persoon, *Synopsis methodica Fungorum*).

f) Fungi caeteri, 1821—32 (Fries, *Systema mycologicum*).

---

1) The starting points of the nomenclature of the following groups are reserved for the consideration of the Congress at London, 1915. Schizomycetes (Bacteria), Schizophyceae (excl. Nostocaceae), Flagellatae (incl. Dinoflagellatae), Bacillariaceae (Diatomaceae).

g) Algae, 1753 (Linnaeus, *Species Plantarum*, ed. 1). Exceptions: Nosto-caceae homocysteae, 1891—93 (Gomont, *Nostocaceae homocysteae*); Nostocaceae hetero-cysteae, 1886 (Bornet et Flahault, *Nostocaceae heterocysteae*); Desmidiaceae, 1848 (Ralfs, *British Desmidiaceae*); Oedogoniaceae, 1900 (Hirn, Monographie und Ikono-graphie der Oedogoniaceen).

h) Myxomycetes, 1753.

It is agreed to associate genera, the names of which appear in Linnaeus's *Species Plantarum*, ed. 1., with the descriptions given of them in the *Genera Plantarum*, ed. 5. (1754).

Art. 20. However, to avoid disadvantageous changes in the nomenclature of genera by the strict application of the rules of nomenclature, and especially of the principle of priority in starting from the dates given in art. 19, the rules provide a list of names which must be retained in all cases. These names are by preference those which have come into general use in the fifty years following their publication, or which have been used in monographs and important floristic works up to the year 1890.

For the guidance of palaeobotanists a double list is provided: 1^{0} a list of generic names of recent plants, duly published and generally admitted, which coincide with older generic names in palaeobotany; 2^{0} a list of generic names of fossil plants, duly published and generally admitted, which coincide with older homonyms of recent plants which have lapsed into synonymy, in order to prevent the latter being used again. The lists form an appendix to the rules of nomenclature[1]).

Section 3. Nomenclature of the different kinds of groups.

§ 1. *Names of groups above the family.*

Recommendations. The following suggestions as to the nomenclature of groups of higher rank than the family will tend to clearness and uniformity.

II. Names of divisions and subdivisions, of classes and subclasses are taken from one of their chief characters. They are expressed by words of greek or latin origin, some similarity of form and termination being given to those which designate groups of the same nature.

Examples: *Angiospermae, Gymnospermae; Monocotyledoneae; Dicotyledoneae; Pteridophyta; Coniferae*. Among Cryptogams old family names such as *Fungi, Lichenes, Algae*, may be used for names of groups above the rank of family.

III. Orders are designated preferably by the name of one of their principal families, with the ending *-ales*. Suborders are designated in a similar manner, with the ending *-ineae*. But other terminations may be retained for these names, provided that they do not lead to confusion or error.

Examples of names of orders: *Polygonales* (from *Polygonaceae*), *Urticales* (from *Urticaceae*), *Glumiflorae, Centrospermae, Parietales, Tubiflorae, Microspermae, Contortae*. Examples of names of suborders: *Bromeliineae* (from *Bromeliaceae*), *Malvineae* (from *Malvaceae*), *Tricoccae, Enantioblastae*.

§ 2. *Names of families and subfamilies, tribes and subtribes.*

Art. 21. Families (*familiae*) are designated by the name of one of their genera or ancient generic names with the ending *-aceae*.

---

[1]) The elaboration of this double list has been reserved for the Congress of 1915.

5*

Examples: *Rosaceae* (from *Rosa*), *Salicaceae* (from *Salix*), *Caryophyllaceae* (from *Dianthus Caryophyllus*), etc.

Art. 22. The following names, owing to long usage, are an exception to the rule: *Palmae, Gramineae, Cruciferae, Leguminosae, Guttiferae, Umbelliferae, Labiatae, Compositae.*

Art. 23. Names of subfamilies (*subfamiliae*) are taken from the name of one of the genera in the group, with the ending *-oideae*. The same holds for the tribes (*tribus*) with the ending *-eae*, and for the subtribes (*subtribus*) with the ending *-inae*.

Examples of subfamilies: *Asphodeloideae* (from *Asphodelus*), *Rumicoideae* (from *Rumex*); tribes: *Asclepiadeae* (from *Asclepias*), *Phyllantheae* (from *Phyllanthus*); subtribes: *Metastelmatinae* (from *Metastelma*), *Madiinae* (from *Madia*).

§ 3. *Names of genera and divisions of genera.*

Art. 24. Genera receive names, substantives (or adjectives used as substantives) in the singular number and written with a capital letter, which may be compared with our own family names. These names may be taken from any source whatever and may even be composed in an absolutely arbitrary manner.

Examples: *Rosa, Convolvulus, Hedysarum, Bartramia, Liquidambar, Gloriosa, Impatiens, Manihot.*

Art. 25. Subgenera and sections also receive names, usually substantives and resembling the names of genera. Names of subsections and other lower subdivisions of genera are preferably adjectives in the plural number and written with a capital letter, or their place may be taken by an ordinal number or a letter.

Examples. — Substantives: *Fraxinaster, Trifoliastrum, Adenoscilla, Euhermannia, Archieracium, Micromelilotus, Pseudinga, Heterodraba, Gymnocimum, Neoplantago, Stachyotypus.* Adjectives: *Pleiostylae, Fimbriati, Bibracteolata, Pachycladae.*

Recommendations.

IV. When the name of a genus, subgenus or section is taken from the name of a person, ti is formed in the following manner:

a) When the name ends in a vowel, the letter *a* is added (for example *Bouteloua* after Boutelou; *Ottoa* after Otto; *Sloanea* after Sloane), except when the name already ends in *a*, in which case *ea* is added (e. g. *Collaea* after Colla).

b) When the name ends in a consonant, the letters *ia* are added (thus *Magnusia* after Magnus; *Ramondia* after Ramond), except when the name ends in *er*, in which case *a* is added (e. g. *Kernera* after Kerner).

c) The spelling of the syllables unaffected by these finals is retained, even with the consonants *k* and *w* or with groupings of vowels which were not used in classic latin. Letters which are unknown to botanical latin must be transcribed, diacritic signs are suppressed. The german ä, ö, ü become ae oe, ue, the French é, è and ê become generally e.

d) Names may be accompanied by a prefix, or a suffix, or modified by anagram or abbreviation. In these cases they count as different words from the original name. E. g. *Durvillea* and *Urvillea, Lapeyrousea* and *Peyrousea, Englera, Englerastrum* and *Englerella, Bouchea* and *Ubochea, Gerardia* and *Graderia, Martia* and *Martiusia.*

V. Botanists who are publishing generic names show judgement and taste by attending to the following recommendations:

a) Not to make names very long or difficult to pronounce.

b) Not to use again a name which has already been used and has lapsed into synonymy (homonym).

c) Not to dedicate genera to persons who are in all respects strangers to botany, or at least to natural science, nor to persons quite unknown.

d) Not to take names from barbarous tongues, unless those names are frequently quoted in books of travel, and have an agreeable form that is readily adapted to the latin tongue and to the tongues of civilized countries.

e) To recall, if possible, by the formation or ending of the name, the affinities or the analogies of the genus.

f) To avoid adjectives used as nouns.

g) Not to give a genus a name whose form is rather that of a subgenus or section (e. g. *Eusideroxylon*, a name given to a genus of Lauraceae, which, however, being valid, cannot be changed).

h) Not to make names by the combination of two languages (*nomina hybrida*).

VI. Botanists constructing names for subgenera or sections, will do well to attend to the preceding recommendations and also to the following:

a) Give, where possible, to the principal division of a genus, a name which, by some modification or addition, calls the genus to mind (for instance, *Eu* placed at the beginning of the name, when it is of greek origin; *-astrum*, *-ella* at the end of the name, when latin, or any other modification consistent with the grammar and usages of the latin language).

b) Avoid calling a subgenus or a section by the name of the genus to which it belongs, with the final *-oides* or *-opsis*: on the contrary reserve this ending for a section which resembles another genus, by adding in that case *-oides* or *-opsis* to the name of that other genus, if it is of greek origin, to form the name of the section.

c) Avoid taking as the name of a subgenus or section a name which is already in use as such in another genus, or which is the name of an admitted genus.

VII. When it is required to express a subgeneric or sectional name together with the name of the genus and the name of the species, the name of the section is put between the others in a parenthesis. E. g. *Astragalus (Cycloglottis) contortuplicatus.*

§ 4. *Names of species and of subdivisions of species.*

Art. 26. All species, even those that singly constitute a genus, are designated by the name of the genus to which they belong followed by a name (or epithet) termed specific, usually of the nature of an adjective (forming a combination of two names, a binomial, or binary name).

Examples: *Dianthus monspessulanus, Papaver Rhoeas, Fumaria Gussonei, Uromyces Fabae, Geranium Robertianum, Embelia Sarasinorum, Adiantum Capillus-Veneris.* Linnaeus has sometimes introduced symbols in specific names; these must according to art. 26 be transcribed. Ex.: *Scandix Pecten-Veneris (= Scandix Pecten ♀); Veronica Anagallis-aquatica (= Veronica Anagallis ▽).*

Recommendations.

VIII. The specific name should, in general, give some indication of the appearance, the characters, the origin, the history or the properties of the species. If taken from the name of a person, it usually recalls the name of the one who discovered or described it, or was in some way concerned with it.

IX. Names of men and women and also names of countries and localities used as specific names, may be substantives in the genitive *(Clusii, saharae)* or adjectives *(Clusianus, dahuricus)*. It will be well, in the future, to avoid the use of the genitive and the adjectival form of the same name to designate two different species of the same genus: **for example** *Lysimachia Hemsleyana* Maxim. (1891) and *L. Hemsleyi* Franch. (1895).

X. Specific names begin with a small letter except those wich are taken from names of persons (substantives or adjectives) or those which are taken from generic names (substantives or adjectives).

Examples: *Ficus indica, Circaea lutetiana, Brassica Napus, Lythrum Hyssopifolia, Aster novibelgii, Malva Tournefortiana, Phyteuma Halleri.*

XI. When a specific name is taken from the name of a man, it is formed in the following way:

a) When the name ends in a vowel, the letter *i* is added (thus *Glazioui* from Glaziou; *Bureaui* from Bureau), except when the name ends in *a*, when *e* is added (thus *Balansae* from Balansa).

b) When the name ends in a consonant, the letters *ii* are added (thus *Magnusii* from Magnus; *Ramondii* from Ramond), except when the word ends in *er* when *i* is added (ex. *Kerneri*, from Kerner).

c) Syllables which are not modified by these endings retain their original spelling, even in the case of the consonants k and w or groupings of vowels which are not used in classic latin. Letters foreign to the latin of botanists should be transcribed, and diacritic signs suppressed. The german ä, ö, ü, become ae, oe, ue, the french é, è and ê become, in general, e.

d) When specific names taken from the name of a person have an adjectival form a similar plan is adopted (*Geranium Robertianum, derbena Hasslerana*, etc.).

XII. The same applies to the names of women. These are written in the feminine when they have a substantival form.

Example: *Cypripedium Hookerae, Rosa Beatricis, Scabiosa Olgae, Omphalodes Luciliae.*

XIII. In the formation of specific names composed of two or several roots and taken from latin or greek, the vowel placed between the two roots becomes a connecting vowel, in latin *i*, in greek *o*; thus we write *menthifolia, salviifolia*, not *menthaefolia, salviaefolia*. When the second root begins with a vowel and euphony demands, the connecting vowel is eliminated (e. g. *calliantha, lepidantha*). The connecting *ae* is legitimate only when etymology demands (e. g. *caricaeformis* from *Carica*, may be retained along with *cariciformis* from *Carex*).

XIV. In forming specific names, botanists will do well to note the following recommendations:

a) Avoid very long names and those which are difficult to pronounce.

b) Avoid names which express a character common to all or nearly all the species of a genus.

c) Avoid names taken from little known or very restricted localities, unless the species be very local.

d) Avoid, in the same genus, names which are very much alike, especially those which differ only in their last letters.

e) Adopt unpublished names found in travellers' notes and in herbaria, attributing them to the authors concerned, only when those concerned have approved the publication.

f) Avoid names which have been used before in the genus, or in any closely allied genus, and which have lapsed into synonymy (homonyms).

g) Do not name a species after a person who has neither discovered, nor described, nor figured, nor in any way studied it.

h) Avoid specific names formed of two words.

i) Avoid names which have the same meaning as the generic name.

Art. 27. Two species of the same genus cannot bear the same specific name, but the same specific name may be given in several genera.

Example: *Arabis spathulata* DC. and *Lepidium spathulatum* Phil. are valid as two names of Crucifers; but *Arabis spathulata* Nutt. in Torr. and Gray cannot be maintained, on account of the existence of *Arabis spathulata* DC., a name previously given to another valid species of *Arabis*.

Art. 28. Names of subspecies and varieties are formed like specific names and follow them in order, beginning with those of the highest rank. The same holds for subvarieties, forms, and slight or transient modifications of wild plants which receive a name or numbers or letters to facilitate their arrangement. Use of a binary nomenclature for subdivisions of species is not admissible.

Examples: *Andropogon ternatus* subsp. *macrothrix* (not *Andropogon macrothrix* or *Andropogon ternatus* subsp. *A. macrothrix*); *Herniaria hirsuta* var. *diandra* (not *Herniaria diandra* or *Herniaria hirsuta* var. *H. diandra*); forma *nanus*, forma *maculatum*.

Recommendation.

XV. Recommendations made for specific names apply equally to names of subdivisions of species. These agree with the generic name when they have an adjectival form (*Thymus Serpyllum* var. *angustifolius*, *Ranunculus acris* subsp. *Friesianus*).

XV bis. Special forms are named preferably after the host species; if desired double names may be used. Examples: *Puccinia Hieracii* f. sp. *villosi*, *Pucciniastrum Epilobii* f. sp. *Abieti-Chamaenerii*.

Art. 29. Two subspecies of the same species cannot have the same name. A given name can only be used once for a variety of a given species, even when dealing with varieties which are classed under different subspecies. The same holds for subvarieties and forms.

On the other hand the same name may be employed for subdivisions of different species, and the subdivisions of any one species may bear the same name as other species.

Examples. — The following are admissible: *Rosa Jundzillii* var. *leioclada* and *Rosa glutinosa* var. *leioclada; Viola tricolor* var. *hirta*, in spite of the existence already of a different species named *Viola hirta*. The following are incorrect: *Erysimum hieraciifolium* subsp. *strictum* var. *longisiliquum* and *E. hieraciifolium* subsp. *pannonicum* var. *longisiliquum* — a form of nomenclature which allows two varieties bearing the same name in the same species.

Recommendation.

XVI. Botanists are recommended to use as little as possible the privilege granted in the second part of article 29, in order to avoid confusion and mistakes and also to reduce to a minimum the necessary changes of name when the subdivisions of species are raised to specific rank or vice versa.

Art. 30. Forms and half-breeds among cultivated plants should receive fancy names, in common language, as different as possible from the latin names of the species or varieties. When they can be traced back to a species, a subspecies or a botanical variety this is indicated by a succession of names.

Example: *Pelargonium zonale* Mrs. Pollock.

§ 5. *Names of hybrids and half-breeds (mules).*

Art. 31. Hybrids between species of the same genus, or presumably so, are designated by a formula and, whenever it seems useful or necessary, by a name.

The formula consists of the names or specific epithets of the two parents in alphabetical order and connected by the sign $\times$. When the hybrid is of known experimental origin the formula may be made more precise by the addition of the signs φ, δ.

The name, which is subject to the same rules as names of species, is distinguished from the latter by absence of an ordinal number and by the sign $\times$ before the name.

Examples: ✕ *Salix capreola* = *Salix aurita* ✕ *caprea; Digitalis lutea* ♀ ✕ *purpurea* ♂; *Digitalis lutea* ♂ ✕ *purpurea* ♀.

Art. 32. Intergeneric hybrids (between species of different genera) or presumably such, are also designated by a formula, and, when it seems useful or necessary, by a name.

The formula consists of the names of the two parents, in alphabetical order.

The hybrid is associated with the one of the two genera which precedes the other in alphabetical order. The name is preceded by the sign ✕.

Example: ✕ *Ammophila baltica* = *Ammophila arenaria* ✕ *Calamagrostis epigeios.*

Art. 33. Ternary hybrids, or those of a higher order, are designated like ordinary hybrids by a formula and a name.

Example: ✕ *Salix Straehleri* = *S. aurita* ✕ *cinerea* ✕ *repens* or ʾ*S. (aurita* ✕ *repens)* ✕ *cinerea.*

Art. 34. When there is reason to distinguish the different forms of a hybrid (pleomorphic hybrids, combinations between different forms of collective species etc.) the subdivisions are classed under the hybrid like the subdivisions of species under a species.

Examples: ✕ *Mentha villosa* β *Lamarckii* (= *M. longifolia* ✕ *rotundifolia*). The preponderance of the characters of one or other parent may be indicated in the formulas in the following manner: *Mentha longifolia* > ✕ *rotundifolia, M. longifolia* ✕ < *rotundifolia, Cirsium supercanum* ✕ *rivulare,* etc. etc. The participation of a particular variety may also be indicated. Example· *Salix caprea* ✕ *daphnoides* var. *pulchra.*

Recommendation.

XVII. Half-breeds, or presumably such, may be designated by a name and a formula. Names of half-breeds are intercalated among the subdivisions of a species preceded by the sign ✕. In the formula the names of the parents are in alphabetical order.

Section 4. The publication of names and the date of each name or combination of names.

Art. 35. Publication is effected by the sale or public distribution of printed matter or indelible autographs.

Communication of new names at a public meeting, or the placing of names in collections or gardens open to the public, do not constitute publication.

Examples. — Effective publication without printed matter: *Salvia oxyodon* Webb and Heldr. was published in July 1850 in an autograph catalogue and put on sale (Webb and Heldreich, *Catalogus plantarum hispanicarum, etc. ab A. Blanco lectarum,* Parisiis, Jul. 1850 in folio). — Non-effective publication at a public meeting: Cusson announced his establishment of the genus *Physospermum* in a memoir read at the Société des Sciences de Montpellier in 1773, and later in 1782 or 1783 at the Société de Médecine de Paris, but its effective publication dates from 1787, in the *Mémoires de la Soc. Roy. de Médicine de Paris,* vol. V, 1ʳᵉ partie.

Art. 36. On and after January 1, 1908, the publication of names of new groups of recent plants will be valid only when they are accompanied by a latin diagnosis.

Art. 36 bis. On and after January 1, 1912, the publication of names of new groups of fossil plants will be valid only when they are accompanied by a latin diagnosis and by illustrations or figures showing the essential characters of the object in question.

Art. 37. A species or a subdivision of a species, announced in a work, with a complete specific or varietal name, but without diagnosis or reference to a former description under another name, is not valid. Citation in synonymy or incidental mention of a name is not effective publication, and the same applies to the mention of a name on a ticket issued with a dried plant without printed or autographed diagnosis.

Plates accompanied with analyses are equivalent to a description; but this applies only to plates published before January 1, 1908.

Examples. — The following are valid publications: *Onobrychis eubrychidea* Boiss. *Fl. or.* II, 546 (1872) published with description; *Panax nossibiensis* Drake in Grandidier *Hist. Phys. Nat. et Polit. de Madagascar*, Vol. XXXV, t. V, III, 5e part., pl. 406 (1896), published in the form of a plate with analyses; *Cynanchum nivale* Nym. *Syll. fl. Eur.* 108 (1854—1855) published with a reference to *Vincetoxicum nivale* Boiss. et Heldr. previously described. *Hieracium Flahaultianum* Arv.-Touv. et Gaut., published in an exsiccata accompanied by a printed diagnosis (*Hieraciotheca gallica*, nos. 935—942, 1903). — The following are not valid: *Sciadophyllum heterotrichum* Decaisne et Planch. in *Rev. Hortic.*, ser. IV, III, 107 (1854), published without description or reference to a previous description under another name; *Ornithogalum undulatum* Hort. Berol. ex Kunth *Enum. pl.* IV, 348 (1843), quoted as a synonym of *Myogalum Boucheanum* Kunth l. c., the name adopted by the author, is not a valid publication; when transferred to *Ornithogalum*, this species must be called *Ornithogalum Boucheanum* Aschers. in *Österr. Bot. Zeitschr.* XVI, 192 (1866); *Erythrina micropteryx* Poepp. quoted as a synonym of *Micropteryx Poeppigiana* Walp. in *Linnaea* XXIII, 740 (1850) is not a valid publication; the species in question, when placed in the genus *Erythrina* must be called *Erythrina Poeppigiana* O. F. Cook in *U. S. Dep. Agr.* Bull. no 25, p. 57 (1901); *Nepeta Sieheana* Haussku. which appears without diagnosis in an exsiccata (W. Siehe, Bot. Reise nach Cicilien, no 521, 1896), is not valid.

Art. 38. A genus or any other group of higher rank than a species, named or announced without being characterised conformably to article 37 cannot be regarded as effectively published (*nomen nudum*). The mere indication of species as belonging to a new genus or of genera as belonging to a higher group, does not allow us to accept the genus or group in question as characterised and effectively published. An exception is made in the case of the generic names mentioned by Linnaeus in the *Species Plantarum* ed. 1., 1753, names which we associate with the descriptions in the *Genera Plantarum* ed. 5., 1754 (See article 19).

Examples. — The following are valid publications: *Carphalea* Juss. *Gen. Pl.* 198 (1789), published with a description; *Thuspeinanta* Dur. *Ind. Gen. Phaner.*, p. X (1888), published with a reference to the genus *Tapeinanthus* Boiss. previously described; *Stipa* L. *Sp. Pl.* ed. 1, 78 (1753), valid because accompanied by a description in the *Genera Plantarum* ed. 5, no 84 (1754). — The following are not valid: *Egeria* Neraud (*Bot. Voy. Freycinet*, 28 (1826), published without diagnosis or reference to a description previously made under another name; *Acosmus* Desv. mentioned incidentally as a synonym of the genus *Aspicarpa* Rich. by De Candolle (*Prodr.* 1, 583 [1824]); *Zatarhend* Forsk. *Fl. Aeg. Arab.*, p. CXV (1775), based only on the enumeration of three species of the genus *Ocimum* without indication of characters.

Art. 39. The date of a name or of a combination of names is that of their effective publication. In the absence of proof to the contrary, the date placed on the

6

work containing the name or combination of names is regarded as correct. On and after January 1st, 1908, the date of publication of the latin diagnosis only can be taken into account in questions of priority in the case of recent plants; in the case of fossil plants, on and after January 1st, 1912, it is the date of simultaneous publication of the latin diagnosis and a figure.

Examples. — *Mentha foliicoma* Opiz was distributed by its author in 1832, but the name dates from 1882 (published by Déséglise *Menth. Op.* in *Bull. soc. étud. scient. Angers*, 1881—1882, 210); *Mentha bracteolata* Op. *Seznam*, 65 (1852) without description, takes effect only from 1882, when it was published with a description (Déséglise l. c., 211). There is some reason for supposing that the first volume of Adanson's *Familles des Plantes* was published in 1762, but in absence of certainty the date 1763 on the title-page is assumed to be correct. The different parts of Willdenow's *Species Plantarum* were published as follows: vol. I, 1798; vol. II, 2, 1800; vol. III, 1, 1801; vol. III, 2, 1803; vol. III, 3, 1804; vol. IV, 2, 1806; and not in the years 1797, 1799, 1800, 1800, 1800 and 1805 respectively, as would appear from the title-page of the volumes: it is the earlier series of dates which takes effect. — The third volume of the *Prodromus florae hispanicae* of Willkomm & Lange, the title-page of which bears the date 1880, was published in four parts, pp. 1—240 in 1874, pp. 241—512 in 1877, pp. 513—736 in 1878, p. 737 to the end in 1880, and it is these dates which take effect.

Recommendations. Botanists will do well, in publishing, to conform to the following recommendations:

XVIII. Not to publish a name without clearly indicating whether it is the name of a family or a tribe, a genus or a section, a species or a variety; briefly, without expressing an opinion on the nature of the group to which they give the name.

XVIIIbis. When publishing names of new groups to indicate carefully the subdivision which is regarded as the type of the group: the typical genus in a family, the typical species in a genus, the typical variety or specimen in a species. This precaution will obviate difficulties of nomenclature if at some future time the group in question becomes broken up.

XIX. To avoid publishing or mentioning in their publications unpublished names which they do not accept, especially if the persons responsible for these names have not formally authorised their publication (see Rec. XIV, *e*).

XX. When publishing names of new groups in works written in a modern language (floras, catalogues etc.) to publish simultaneously the latin diagnoses and in palaeobotany also the figures, which will make the names valid from the point of view of scientific nomenclature.

XXbis. In view of the special difficulties presented by the identification of fossil plants, to give, in addition to the latin diagnosis a detailed description in french, english, german or italian.

XX^{ter}. In describing new groups of lower Cryptogams, especially among the Fungi or microscopic plants, to add to the description a figure or figures of the plants, with details of microscopic structure, as an aid to identification.

XX^{quat}. The description of parasitic plants should always be followed by the indication of the hosts, especially in the case of parasitic fungi. The hosts should be designated by their latin scientific names and not by popular names in modern languages, the signification of which is often doubtful.

XXI. To give the etymology of new generic names and also specific names when the meaning of the latter is not obvious.

XXII. To indicate precisely the date of publication of their works and that of the placing on sale or the distribution of named and numbered plants when these are accompanied by printed diagnoses. In the case of a work appearing in parts, the last published sheet of the volume should indicate the precise dates at which the different fascicles or parts of the volume were published, as well as the number of pages in each.

XXIII. When works are published in periodicals to require the editor to indicate on the separate copies the date (year and month) of publication and also the title of the periodical from which the work is extracted.

XXIV. Separate copies should always bear the pagination of the periodical of which they form a part; if desired they may also bear a special pagination.

Section 5. On the precision to be given to names by the citation of the author who first published them.

Art. 40. For the indication of the name or names of a group to be accurate and complete, and in order that the date may be readily verified, it is necessary to quote the author who first published the name or combination of names in question.

Examples: *Simarubaceae* Lindley, *Simaruba* Aublet, *Simaruba laevis* Grisebach, *Simaruba amara* Aublet var. *opaca* Engler.

Art. 41. An alteration of the constituent characters or of the circumscription of a group does not warrant the quotation of another author than the one who first published the name or combination of names.

When the changes have been considerable, the words: *mutatis charact.*, or *pro parte*, or *excl. gen.*, *excl. sp.*, *excl. var.*, or some other abridged indication, are added after the citation of the original author, according to the nature of the changes that have been made, and of the group in question.

Examples: *Phyllanthus* L. em.(emendavit) Müll. Arg.; *Myosotis* L. pro parte, R. Br.; *Globularia cordifolia* L. excl. var. *β.*; etc.

Art. 42. When a manuscript name has been published and referred to its author, the name of the person who published it should be appended to the citation. The same rule should be followed for names of garden origin when they are cited as „Hort".

Examples: *Capparis lasiantha* R. Br. ex or apud DC.; *Streptanthus heterophyllus* Nutt. in Torr. et Gray; *Gesnera Donklarii* Hort. ex or apud Hook. *Bot. Mag.* tab. 5070.

Art. 43. When, in a genus, a name is applied to a group which is moved into another group where it retains the same rank, or to a group which becomes of higher or lower rank than before, the change is equivalent to the creation of a new group and the author who has effected the change is the one to be quoted. The original author can be cited only in parenthesis.

Examples. — *Cheiranthus tristis* L. when moved into the genus *Matthiola* becomes *Matthiola tristis* R. Br., or *Matthiola tristis* (L.) R. Br. — *Medicago polymorpha* L. var. *orbicularis* L. when raised to the rank of a species becomes *Medicago orbicularis* All. or *Medicago orbicularis* (L.) All.

Recommendations.

XXV. Authors' names put after names of plants are abbreviated, unless they are very short. For this purpose preliminary particles or letters that do not, strictly speaking, form part of the name, are suppressed, and the first letters are given without any omission. If a name of one syllable is long enough to make it worth while to abridge it, the first consonants only are given (Br. for Brown); if the name has two or more syllables, the first syllable and the first letter of the following one are taken, or the two first when both are consonants (Juss. for Jussieu; Rich. for Richard). When it is necessary to give more of a name to avoid confusion between names beginning with the same syllables, the same system is to be followed. For instance two syllables are given

6*

together with the one or two first consonants of the third; or one of the last characteristic consonants of the name is added (Bertol. for Bertoloni, to distinguish from Bertero; Michx for Michaux, to distinguish from Micheli). Christian names or accessory designations, serving to distinguish two botanists of the same name, or abridged in the same way (Adr. Juss. for Adrien de Jussieu, Gaertn. fil. or Gaertn. f. for Gaertner filius).

When it is a well established custom to abridge a name in another manner, it is best to conform to it (L. for Linnaeus, DC. for De Candolle, St.-Hil. for Saint-Hilaire).

In publications destined for the general public and in titles it is preferable not to abridge

XXV bis. The citation in parenthesis of the original author is especially useful in the absence of synonymy or when the latter is a long one. In palaeobotany the custom is always to cite in parenthesis the original author of the epithet of a species or of a subdivision of a transferred species.

XXV ter. The citation of authors earlier than the starting point of the nomenclature of a group, is indicated when considered useful or desirable, preferably between brackets or by the use of the word *ex*. This method is especially applicable in mycology when reference is made to authors earlier than Fries or Persoon. Examples: *Lupinus* [Tournef. *Inst.* 392, t. 213 (1719)] Linn. *Sp.* ed. 1, 721 (1753) and *Gen.* ed. 4, 332, or *Lupinus* Tourn. ex L. — *Boletus piperatus* [Bull *Hist. Champ. Fr.* 318, t. 451 f. 2 (1791—1812)] Fries *Syst. Myc.* I, 388 (1821), or *Boletus piperatus* Bull. ex Fries.

Section 6. **On names that are to be retained when a group is divided, remodelled, transferred, or moved from one rank to another, or when two groups of the same rank are united, or in dealing with groups which have a pleomorphie life-cycle.**

Art. 44. A change of characters, or a revision which involves the exclusion of certain elements of a group or the addition of new elements, does not warrant a change in the name or names of a group, except in cases provided for in article 51.

Examples. — The genus *Myosotis* as revised by R. Brown differs from the original genus of Linnaeus, but the name has not been changed, nor is any change allowable. Various authors have united with *Centaurea Jacea* L. one or two species which Linnaeus had kept distinct; the group thus constituted must be called *Centaurea Jacea* L. (sensu ampl.) or *Centaurea Jacea* L. (em. Visiani, em. Godron, etc.); the creation of a new name such as *Centaurea vulgaris* Godr. is superfluous.

Art. 45. When a genus is divided into two or more genera, the name must be kept and given to one of the principal divisions. If the genus contains a section or some other division which, judging by its name or its species, is the type or the origin of the group, the name is reserved for that part of it. If there is no such section or subdivision, but one of the parts detached contains a great many more species than the others, the name is reserved for that part of it.

Examples. — The genus *Helianthemum* contained, according to Dunal (in DC. *Prodr.* I. 266—284 [1824]), 112 well-known species distributed in nine sections; several of these sections have since been raised to generic rank (*Fumana* Spach,] *Tuberaria* Spach) but the name *Helianthemum* has been kept for the divisions grouped round the section *Euhelianthemum*. — The genus *Convolvulus* L. em. Jacq. was divided into two by Robert Brown in 1810 (*Prodr. fl. Nov. Holl.*, pp. 482—484), who gave the name *Calystegia* to one of the genera which at that time contained only four species, and reserved the name *Convolvulus* for the other genus which contained a much larger number of species. — In the same way Salisbury (in *Trans. Linn. Soc.* VI, 317 [1802]), in separating *Erica vulgaris* L. from the genus *Erica*, under the name *Calluna*, kept the name *Erica* for the large number of species left. — The genus *Aesculus* L. contains the sections *Eu-Aesculus*, *Pavia* (Poir.), *Macrothyrsus* (Spach) and *Calothyrsus* (Spach), the last three of which were regarded as distinct genera by their respective authors. In the event of these genera being retained the name *Aesculus* must be kept for the species *Aesculus Hippocastanum* L. as this is undoubtedly the type of the genus founded by Linnaeus (*Sp. pl.* ed. 1, 344), as is seen by a comparison with Linnaeus, *Hort. Cliff.* 142, and early editions of the *Gen. pl.* (ed. 1, 310; ed. 2, 367); Tournefort's name *Hippocastanum* must not be used as was done by Gaertner (Fruct. ii. 135).

Art. 46. When two or more groups of the same nature are united, the name of the oldest is retained. If the names are of the same date, the author chooses, and his choice cannot be modified by subsequent authors.

Examples. — Hooker f. and Thomson (*Fl. Ind.* 67 [1855]) united the genera *Wormia* Rottb. and *Capellia* Bl.; they gave the name *Wormia* to the genus thus formed because the last name dates from 1783 while *Capellia* dates from 1825. — In case of union of the two genera *Cardamine* and *Dentaria*, which were founded at the same time by Linnaeus (*Sp. pl.* ed. 1, 653 and 654 [1753]; *Gen. Pl.* ed. 5, n. 726, 727) the collective genus must be called *Cardamine* because that name was chosen by Crantz (*Class. Crucif.*, 126 [1769], who was the first to suggest the union. — H. Hallier (in Engl. *Bot. Jahrb.* XVIII, 123) united the three species of *Ipomoea*, *I. verticillata* Forsk. (1775), *I. rumicifolia* Choisy (1834) and *I. Perrottetii* Choisy (1845); the species is still called *I. verticillata* Forsk. as Forskal's name is the earliest. — Swartz (*Prodr.* 16) described two species of *Piper*, *P. glabellum* and *P. scandens* which he subsequently (*Fl. Ind. Occ.* i. 68) regarded as conspecific, choosing the name *P. glabellum*; this name therefore and not *P. scandens* must be used for the combination.

Recommendations.

XXVI. Authors who have to choose between two generic names should note the following recommendations:

1. Of two names of the same date to prefer the one which was first accompanied by the description of a species.

2. Of two names of the same date, both accompanied by descriptions of species, to prefer the one, which, when the author made his choice, included the larger number of species.

3. In cases of equality from these various points of view to prefer the more correct and appropriate name.

XXVII. When several genera are united as subgenera or sections under one generic name, that subdivision which was first distinguished or described may retain its name (ex.: *Anarrhinum* sect. *Anarrhinum*; *Hemigenia* sect. *Hemigenia*), or be preceded by a prefix (*Anthriscus* sect. *Eu-Anthriscus*) or followed by a suffix (*Stachys* sect. *Stachyotypus*). These prefixes or suffixes lapse when the subdivisions are raised to generic rank.

XXVIII. When several species are united as subspecies or varieties under a collective name, that subdivision which was first distinguished or described may retain its name (ex.: *Saxifraga aspera* subsp. *aspera*) or bear a prefix (*Alchemilla alpina* subsp. *eu-alpina*) or be designated by some customary title (*normalis*, *genuinus*, *typicus*, *originarius*, *verus*, *veridicus* etc.). These prefixes or terms lapse when the subdivisions are raised to specific rank.

Art. 47. When a species or subdivision of a species is divided into two or more groups of the same nature, if one of the two forms was distinguished or described earlier than the other, the name is retained for that form.

Examples. — *Genista horrida* DC. *Fl. Franc.* IV. 500 was divided by Spach (in *Ann. Sci. Nat.* ser. 3, II., 253 [1844]) into three species: *G. horrida* DC., *G. Boissieri* Spach and *G. Webbii* Spach; the name *G. horrida* was rightly kept for the earliest described form, that described and figured by Vahl and Gilibert. — Several species (*Primula cashmiriana* Munro, *P. erosa* Wall.) have been separated from *Primula denticulata* Sm. (*Exot. Bot.* II, 109, tab. 114), but the name *P. denticulata* has been rightly kept for the form which Smith described and figured under this name.

Art. 48. When a subgenus or section or species is moved into another genus, when a variety or other division of a species is moved into another species, retaining there the same rank, the original name of the subgenus or section, the first specific epithet, or the original name of the division of the species must be retained or must be re-established, unless, in the new position there exists one of the obstacles indicated in the articles of section 7.

Examples. — The subgenus *Alfredia* Less. (*Syn.* p. 6, 1832) of the genus *Rhaponticum* keeps its name when placed in the genus *Carduus*: *Carduus* sect. *Alfredia* Benth. et Hook. fil.; the section *Vaccaria* DC. of the genus *Saponaria* keeps its name when placed in the genus *Gypsophila*: *Gypsophila* sect. *Vaccaria* Gren. et Godr. — *Lotus siliquosus* L. *Syst.* ed. 10. p. 1178 (1759) when transferred to the genus *Tetragonolobus* must be called *Tetragonolobus siliquosus* Roth *Tent. Fl. germ.* I. 323 (1788) and not *Tetragonolobus Scandalida* Scop. *Fl. Carn.* ed. 2, II, 87 (1772). — *Betula incana* L. *Suppl.* p. 417 (1781) when transferred to the genus *Alnus* must be called *Alnus incana* Willd. *Sp. Pl.* IV, 335 (1805), not *Alnus lanuginosa* Gilib. *Exerc. Phytol.* II, 402 (1792). — *Satyrium nigrum* L. *Sp. Pl.* ed. 1, 944 (1753), when placed in the genus *Nigritella* must be called *Nigritella nigra* Reichb. f. *Ic. Fl. Germ. et Helv.* XIV, 102 (1851), not *Nigritella angustifolia* Rich. in *Mém. Mus. Par.* IV, 56 (1818). — The variety γ *micranthum* Gren. et Godr. (Fl. France, I, 171 [1847]) of *Helianthemum italicum* Pers., when transferred as a variety to *H. penicillatum* Thib. retains its name: *H. penicillatum* var. α *micranthum* Grosser (in Engl. *Pflanzenreich*, Heft 14, p. 115 [1903]). — The variety *subcarnosa* Hook. fil. (*Bot. Antarct. Voy.* I, 5 [1847]) of *Cardamine hirsuta* L., when transferred as a variety to *C. glacialis* DC., retains its name: *C. glacialis* var. *subcarnosa* O. E. Schulz (in Engl. *Bot. Jahrb.* XXXII, 542 [1903]); the citation of an earlier synonym (*Cardamine propinqua* Carmichael in *Trans. Linn. Soc.* XII, 507 [1818]) has no influence on the choice of the name of the variety (see art. 49). In all these cases, older but incorrect combinations must give place to more recent combinations in which the rule has been observed.

Art. 49. When a tribe becomes a family, a subgenus or a section becomes a genus, a subdivision of a species becomes a species, or the reverse of these changes takes place, and speaking generally when a group changes its rank, the earliest name (or combination of names) received by the group in its new position must be regarded as valid, if it is in conformity with the rules, unless there exist any of the obstacles indicated in the articles of section 7.

Examples. — The section *Campanopsis* R. Br. *Prodr. Fl. Nov. Holl.*, 561 (1810) of the genus *Campanula*, was first raised to generic rank by Schrader, and must be called *Wahlenbergia* Schrad. *Cat. Hort. Goett.* (1814) not *Campanopsis* O. Kuntze *Rev. Gen.* II, 378 (1891). — *Magnolia virginiana* L. var. *foetida* L. *Sp. pl.* ed. 1, p. 536 (1753), raised to specific rank; must be called *Magnolia grandiflora* L. *Syst. Nat.* ed. 10, 1082 (1759) not *Magnolia foetida* Sarg. in *Gard. and For.* II, 615 (1889). — *Mentha spicata* L. var. *viridis* L. *Sp. pl.*, ed. 1, 576 (1753) was raised to the rank of a species by Hudson, and must be called *Mentha spicata* Huds. *Fl. angl.* ed. 1, p. 221 (1762) not *Mentha viridis* L. *Sp. pl.*, ed. 2, 804 (1763). — *Lythrum intermedium* Ledeb. (*Ind. Hort. Dorp.* [1822]), regarded as a variety of *L. Salicaria* L., must be called *L. Salicaria* var. *gracilius* Turcz. (in *Bull. Soc. Nat. Moscou*, XVII, 235 [1844]), not *L. Salicaria* var. *intermedium* Koehne (in Engl. *Bot. Jahrb.* I, 327 [1881]). In all these cases names which are in accordance with the old law of Alphonse de Candolle must give place to older names and combinations.

Recommendations. Authors who make the changes discussed in article 49 should note the following recommendations in order to avoid a change of name in case of a change of rank

XXIX. 1°. When a sub-tribe becomes a tribe, when a tribe becomes a subfamily, when a subfamily becomes a family, etc., or when the inverse changes occur, do not alter the root of a name but only the termination (-*inae*, -*eae*, -*oideae*, -*aceae*, -*ineae*, -*ales*, etc.), unless, in the new position, one of the obstacles indicated in the articles of section 7, supervenes, or the new designation becomes a source of error, or there is some other serious reason against it.

2°. When a section or a subgenus becomes a genus, or the inverse changes take place, retain the old names, unless this results in two genera of plants having the same name, or the existence of two subdivisions of the same name in the same genus, or one of the obstacles indicated in the articles of section 7 supervenes.

3°. When a subdivision of a species becomes a species or the inverse change occurs, retain the original epithets, unless this results in two species bearing the same name in the same genus, or two subdivisions bearing the same name in the same species, or unless any of the obstacles indicated in section 7 supervenes.

Art. 49 [bis]. Among Fungi with a pleomorphic life-cycle the different successive states of the same species (anamorphoses, status) can bear only one generic and specific name (binomial) that is the earliest which has been given, starting from Fries, *Systema,* or Persoon, *Synopsis,* to the state containing the form which it has been agreed to call the perfect form, provided that the name is otherwise in conformity with the rules. The perfect state is that which ends in the ascus stage in the Ascomycetes, in the basidium in the Basidiomycetes, in the teleutospore or its equivalent in the Uredinales, and in the spore in the Ustilaginales.

Generic and specific names given to other states have only a temporary value. They cannot replace a generic name already existing and applying to one or more species, any one of which contains the "perfect" form.

The nomenclature of Fungi which have not a pleomorphic life-cycle follows the ordinary rules.

Examples. — The names *Aecidium* Pers., *Caeoma* Link and *Uredo* Pers. designate different states (aecidiosporic with or without pseudoperidium, uredosporic) in the group *Uredinales*. The generic name *Melampsora* Cast. [*Obs.* II, 18 (1843)], applied to a genus which is defined by means of the teleutospores, cannot therefore be replaced by the name *Uredo* Pers. [in Römer *Neu. Mag.* I, 93 (1794)] since the name *Uredo* is already used to designate a state. — Among the Dothideaceae (Ascomycetes) a species of the genus *Phyllachora* Nitschke, *P. Trifolii* (Pers.) Fuck. *Symb.* 217 1869—70) has an older synonym, *Polythrincium Trifolii* G. Kunze *Myk. Heft.* I, 13, t. 1 f. 8 (1817) based on the conidial state of this species. The name *Polythrincium* cannot displace that of *Phyllachora* because it represents an inferior state. — The name *Phoma* Fries emend. Desm. has been given to a group of Fungi Imperfecti (Deuteromycetes), several members of which have been recognised as the spermogonial state of species of the genus *Diaporthe* (Valsaceae, Ascomycetes): thus *Phoma Ailanthi* Sacc. belongs to *Diaporthe Ailanthi* Sacc., *Phoma alnea* (Nitschke) Sacc. to *Diaporthe alnea* Fuck., *Phoma detrusa* (Fries) Fuck. to *Diaporthe detrusa* Sacc. etc. But the perfect state of many species of the 'genus' *Phoma* is not known and in some cases probably does not exist. Hence the practical necessity for retaining the name *Phoma* to designate the group of Fungi Imperfecti in question.

Section 7. **On names that are to be rejected, changed or modified.**

Art. 50. No one is authorised to reject, change or modify a name (or combination of names) because it is badly chosen, or disagreeable, or another is preferable or better known, or because of the existence of an earlier homonym which is universally regarded as non-valid, or for any other motive either contestable or of little import. (See also art. 57.)

Examples. — This rule was broken by the change of *Staphylea* to *Staphylis*, *Tamus* to *Thamnos*, *Mentha* to *Minthe*, *Tillaea* to *Tillia*, *Vincetoxicum* to *Alexitoxicon*; and by the change of *Orobanche Rapum* to *O. sarothamnophyta*, *O. Columbariae* to *O. columbarihaerens*, *O. Artemisiae* to *O. artemisi-epiphyta*. All these modifications (which are contrary to Art. 50) must be rejected. — The name *Diplomorpha* Meissn. in *Regensb. Denkschr.* III, 289 (1841) must not be substituted for the generic name *Wickstroemia* Endl. *Prodr. fl. Norfolk.*, 47 (1833) because of the earlier homonyms *Wi(c)kstroemia* Schrad. *Goett. gel. Anz.*, 710 (1821) and *Wi(c)kstroemia* Spreng. in *Vet. Akad. Handl. Stockh.* 1821, 167, t. 3, for the former is merely a synonym of the genus *Laplacea* Kunth (1821) and the latter of a subdivision of the genus *Eupatorium* L. (1753).

Recommendations. See on the subject of homonyms recommendations V *b* and XIV *f* which suggest that cases of this kind should be avoided for the future.

Art. 51. Everyone should refuse to admit a name in the following cases:

1. When the name is applied in the plant kingdom to a group which has an earlier valid name.

2. When it duplicates the name of a class, order, family or genus, or a subdivision or species of the same genus, or a subdivision of the same species.

3. When it is based on a monstrosity.

4. When the group which it designates embraces elements altogether incoherent, or when it becomes a permanent source of confusion or error.

5. When it is contrary to the rules of sections 4 and 6.

Examples. — 1°. *Carelia* Adans. (1763) is a name which was applied by its author to a genus which had already received a valid name (*Ageratum* L. [1753]) (*synonym*); similarly *Trichilia alata* N. E. Brown (in *Kew Bull.* 1896, 160) is a name which cannot be maintained because it is a synonym of *T. pterophylla* C. DC. (in *Bull. Herb. Boiss.* II, 581 [1894]). — 2°. *Tapeinanthus*, a name given by Boissier to a genus of Labiatae was replaced by *Thuspeinanta* by Th. Durand, because of the existence of an earlier and valid genus, *Tapeinanthus* Herb. among the Amaryllidaceae; *(homonym)*. Similarly *Astragalus rhizanthus* Boiss. (*Diagn. Pl. Or.* ser. 1, II, 83 [1843]) was renamed *A. cariensis* Boiss. because of the existence of an earlier valid homonym, *Astragalus rhizanthus* Royle *Illustr. Bot. Himal.* p. 200 (1835). — 4°. The genus *Uropedium* Lindl. was based on a monstrosity which is now referred to *Phragmopedilum caudatum* Rolfe. — 5°. The genus *Schrebera* L. derives its characters from the two genera *Cuscuta* and *Myrica* (parasite and host) and must be dropped; and the same applies to *Lemairea* De Vr. which is made up of elements taken from different families. Linnaeus described under the name of *Rosa villosa* a plant which has been referred to several different species and of which certain identification seems impossible; to avoid the confusion which results from the use of the name *Rosa villosa*, it is preferable in this case, as in other analogous cases, to abandon the name altogether.

Art. 52. The name of an order, suborder, family or subfamily, tribe or subtribe, must be changed when it is taken from a genus which, by general consent, does not belong to the group in question.

Examples. — If it were to be shown that the genus *Portulaca* does not belong to the family *Portulacaceae*, the name *Portulacaceae* would have to be changed. — Nees (in Hooker and Arnott, *Bot. Beechey's Voy.* 237 [1836]) gave the name *Tristegineae* to a tribe of Gramineae, after the genus *Tristegis* Nees (a synonym of the genus *Melinis* Beauv.). But *Melinis (Tristegis)* having been excluded from this tribe by Stapf (in *Fl. Cap.* VII, 313) and by Hackel (in *Oesterr. bot. Zeitschr.* LI, 464), these authors have adopted the name *Arundinelleae* from the genus *Arundinella*.

Art. 53. When a subgenus, a section or a subsection, passes as such into another genus, the name must be changed if there is already, in that genus, a valid group of the same rank, under the same name.

When a species is moved from one genus into another, its specific epithet must be changed if it is already borne by a valid species of that genus. Similarly when a subspecies, a variety, or some other subdivision of a species is placed under another species, its name must be changed if borne already by a valid form of like rank in that species.

Examples. — *Spartium biflorum* Desf. (1798—1800) when transferred by Spach in 1849 to the genus *Cytisus* could not be called *Cytisus biflorus*, but was renamed *Cytisus Fontanesii*, because of the previous existence of a valid species *Cytisus biflorus* L'Hérit. (1789). The earliest synonym of *Calochortus Nuttallii* Torr. et Gray (in *Pacific Rail. Rep.* II, 124 [1855—1856]) is *Fritillaria alba* Nutt. (*Gen. Amer.* I, 222 [1818]) but we cannot restore the original epithet of this species, although this has been done in the *Notizbl. des K. bot. Gartens und Mus. Berl.* II, 318 (1899), because there exists already a valid species in the genus with the name *Calochortus albus* Dougl. in Maund *Botanist* t. 98 (1839).

Art. 54. Names of genera must be rejected in the following special cases:

1. When they coincide with a technical term concurrently used in morphology, unless they are accompanied by specific names.

2. When they express uninominal nomenclature.

3. When they are formed of two words, unless these two words were from the first united or joined by a hyphen.

Examples. — 1°. Generic names such as *Lignum*, *Radix*, *Spina*, *Radicula* etc. would not now be admissible; on the other hand a generic name like *Tuber* should not be rejected when it has been published with specific names (*Tuber cibarium* etc.). — 2°. Ehrhart (*Phytophylacium* [1780] and *Beiträg*. IV, 145—150) made use of a uninominal nomenclature for species known at that time under binary names (*Phacocephalum*, *Leptostachys*, etc.). These names, which resemble generic names, must not be confused with such and are to be rejected, unless a subsequent author has given them the value of a generic name: for example *Baeothryon*, a uninominal expression ef Ehrhart's, has been applied to a genus characterised by A. Dietrich *Spec. Pl.* II, 89 (1833). — 3°. Names like *Quisqualis* (a single word from the first), *Sebastiano-Schaueria* and *Neves-Armondia* will stand.

Art. 55. Specific names must also be rejected in the following special cases:

1°. When they are ordinals serving for purpose of enumeration.

2°. When they merely repeat the generic name.

Examples. — 1°. *Boletus vicesimus sextus*, *Agaricus octogesimus nonus*. — 2°. *Linaria Linaria*, *Raphanistrum Raphanistrum* etc.

Art. 56. In the cases foreseen in articles 51 to 56, the name to be rejected or changed is replaced by the oldest valid name in the group in question, and in default of such a one a new name (or new binomial) must be made.

By valid name is implied a name, and especially a combination of names formed in accordance with the rules of nomenclature. The author of a new combination may, if he wish, borrow the specific epithet from an older non-valid binomial (still-born name) or make use of a new one.

Examples. — *Linum Radiola* L. (1753) when placed in the genus *Radiola* must be called *Radiola linoides* Roth (1788); the earlier synonym *Linum multiflorum* Lamk. (1778) cannot be con-

7

sidered as this combination is contrary to art. 51,1° of the Rules. — *Peucedanum Silaus* L. (1753) when placed in the genus *Silaus* must be called *Silaus flavescens* Bernh. (1800); the earlier synonym *Seseli selinoides* Jacq. (1762) cannot be considered as this combination is contrary to art. 48 of the Rules. — *Polypodium montanum* Vogl. (1781) non Lamk (1778) = *P. Oreopteris* Ehrh. ex Willd. (1789), when placed in the genus *Dryopteris* must be called *D. Oreopteris* Max.; the earlier synonym *Polypodium montanum* Vogl. cannot be considered as this combination is contrary to the Rules art. 51, 2°. It is true that *P. montanum* Lamk has been transferred later to the genus *Cystopteris* [*C. montana* (Lamk) Desv.] but the genus *Cystopteris* dates only from the year 1806; Ehrhart could therefore neither forsee nor take account of it. — See also the examples cited under articles 51 and 53.

Art. 57. The original spelling of a name must be retained, except in case of a typographic or orthographic error. When the difference between two names, especially two generic names, lies in the termination, these names are to be regarded as distinct even though differing by one letter only.

Examples: *Rubia* and *Rubus*, *Monochaete* and *Monochaetum*, *Peponia* and *Peponium*, *Iria* and *Iris*.

Recommendations.

XXX. The liberty of making orthographic corrections must be used with reserve, especially if the change affects the first syllable, and above all the first letter of a name.

XXXI. Many names differ by a single letter without risk of confusion (ex. *Durvillea* and *Urvillea*). In cases where a close approach to identity is a source of error (ex. *Astrostemma* and *Asterostemma* in one and the same family, *Asclepiadaceae*, *Pleuripetalum* and *Pleuropetalum* in Orchidaceae) only one, the older, of the names should be kept, in accordance with article 51, 4°.

Chapter IV. Modification of the rules of botanical nomenclature.

Art. 58. The rules of botanical nomenclature can only be modified by competent persons at an international Congress convened for the express purpose.

Appendix. Various recommendations.

XXXII. Botanists should use in modern languages latin scientific names or those immediately derived from them, preferably to names of another kind or origin. They should avoid the use of the latter unless these are very clear and in common use.

XXXIII. Every friend of science should oppose the introduction into a modern language of names of plants which are not already there, unless they are derived from latin botanical names by means of some slight alteration.

XXXIV. The metric system only is used in botany for reckoning weights and measures. The foot, inch, line, pound, ounce etc. should be rigorously excluded from scientific language.

Altitude, depth, rapidity etc. are measured in metres. Fathoms, knots, miles etc. are expressions which should disappear from scientific language.

XXXV. Very minute dimensions are reckoned in μ (micromillimetres, microns, or thousandths of a millimetre) and not in fractions of a millimetre or line etc.; fractions encumbered with ciphers and commas are more likely to give rise to mistakes.

XXXVI. Authors are asked to indicate clearly and precisely the scale of the figures which they publish.

XXXVII. Temperatures are expressed in degrees of the centigrade thermometer of Celsius.

XXXVIII. It is of the utmost importance that the original specimens on which are based the descriptions of new groups should be preserved. In the case of microscopic Cryptogams, the preparations and original drawings should be preserved; and in the case of fleshy fungi, watercolour sketches and specimens suitably prepared or dried, etc.

IV. Internationale Regeln der Botanischen Nomenclatur.

Kapitel I. Allgemeine Gesichtspunkte und leitende Grundsätze.

Art. 1. Ein regelmäßiges, von der großen Mehrzahl der Naturforscher aller Länder anerkanntes und befolgtes System der Nomenclatur ist eine notwendige Vorbedingung für den Fortschritt der Naturwissenschaft.

Art. 2. Die Vorschriften, aus denen sich das regelmäßige System der botanischen Nomenclatur aufbauen läßt, gliedern sich in Grundsätze (Prinzipien), Regeln und Empfehlungen. Die Grundsätze (Art. 1—9, 15—18) stellen die leitenden Gesichtspunkte dar, die bei der Aufstellung von Regeln und Empfehlungen maßgebend sind. Den Regeln (Art. 19—58) fällt die Aufgabe zu, einerseits Ordnung in die uns aus der Vergangenheit überkommene Nomenclatur zu bringen, anderseits der Nomenclatur der Zukunft den Weg zu weisen; sie haben stets rückwirkende Kraft, d. h. Namen und Formen der Nomenclatur, die einer Regel widersprechen, können nicht beibehalten werden. Die Empfehlungen beziehen sich auf Punkte sekundärer Natur, ihre Aufgabe ist es, der Nomenclatur für die Zukunft mehr Gleichförmigkeit und Klarheit zu verleihen; Namen und Formen der Nomenclatur, die einer Empfehlung widersprechen, kann man nicht als nachahmenswerte Vorbilder ansehen, sie können jedoch nicht verworfen werden.

Art. 3. Die Regeln der Nomenclatur dürfen weder willkürlich noch aufgedrungen sein. Sie sollen einfach sein und müssen auf so klaren und triftigen Gründen beruhen, daß ein jeder sie begreift und geneigt ist, sie anzunehmen.

Art. 4. Die wichtigsten Grundsätze für alle Gebiete der Nomenclatur sind die folgenden: 1. Es ist nach Beständigkeit in den Benennungen zu trachten; 2. Ausdrucksformen und Namen, die zu irrtümlichen Auffassungen oder falschen Deutungen Veranlassung geben können oder geeignet sind, Verwirrung in der Wissenschaft zu stiften, müssen vermieden oder verworfen werden.

Einer der wichtigsten Grundsätze ist ferner das Vermeiden jeder unnützen Aufstellung von Namen. Sonstige Gesichtspunkte, wie grammatikalische Richtigkeit, Regelmäßigkeit oder Wohlklang der Namen, mehr oder weniger allgemein verbreiteter Gebrauch, Rücksicht auf Personen usw., sind trotz ihrer unbestreitbaren Wichtigkeit doch von verhältnismäßig nebensächlicher Bedeutung.

Art. 5. Kein mit den Regeln unvereinbarer Gebrauch darf beibehalten werden, wenn er Verwirrung und Irrtümer nach sich zieht. Führt jedoch ein Gebrauch nicht derartige schwerere Nachteile mit sich, so ist er ausnahmsweise gestattet, man hüte sich aber, ihn zu verallgemeinern und nachzuahmen. Wo endlich Regeln fehlen, oder wo die Folgerungen aus den Regeln zweifelhaft sind, ist der herkömmliche Gebrauch als Regel anzusehen.

Art. 6. Die Grundsätze und Ausdrucksformen der Nomenclatur sollen für Botanik und Zoologie möglichst ähnliche sein; indessen ist die botanische Nomenclatur von der zoologischen völlig unabhängig.

Art. 7. Man bezeichnet in der Wissenschaft die Gruppen mit Namen in lateinischer Sprache, und zwar gilt dies für alle Rangstufen. Entnimmt man solche Namen einer anderen Sprache, so erhalten sie lateinische Endungen, falls nicht schon durch den Gebrauch Ausnahmen üblich geworden. Wenn man die Namen der Wissenschaft in eine lebende Sprache überführt, so sucht man eine möglichst große Ähnlichkeit mit den ursprünglichen lateinischen Namen zu wahren.

Art. 8. Man unterscheidet in der Nomenclatur zwei Kategorien von Namen. Die erste Kategorie besteht aus Namen (oder vielmehr Kunstausdrücken, Terminis), durch die man das gegenseitige Verhältnis der Gruppen zueinander gemäß ihrer natürlichen Rangordnung auszudrücken sucht (systematische Einheiten). Die zweite Kategorie umfaßt diejenigen Namen, die wir zur Bezeichnung jeder einzelnen der in der Natur beobachteten Gruppen der Pflanzenwelt verwenden.

Art. 9. Die Regeln und Empfehlungen der botanischen Nomenclatur beziehen sich auf alle Abteilungen des Pflanzenreiches, mögen sie nun rezente oder fossile Formen darstellen; Ausnahmefälle werden besonders und ausdrücklich hervorgehoben.

Kapitel II. Bezeichnungsweise der Pflanzengruppen nach ihrem Wesen und ihrer gegenseitigen Stufenfolge.

Art. 10. Jedes pflanzliche Einzelwesen *(Individuum)* gehört zu einer Art *(species)*, jede Art zu einer Gattung *(genus)*, jede Gattung zu einer Familie *(familia)*, jede Familie zu einer Ordnung *(ordo)*, jede Ordnung zu einer Klasse *(classis)*, jede Klasse zu einer Abteilung *(divisio)*.

Art. 11. Man unterscheidet außerdem bei zahlreichen Arten Varietäten *(varietas)* und Formen *(forma)*, bei gewissen parasitischen Pflanzen Specialformen *(forma specialis)*, bei manchen kultivierten Arten sogar noch viel mehr Abänderungen; Gattungen werden häufig noch in Sectionen *(sectio)*, Familien in Tribus *(tribus)* gegliedert.

Art. 12. Bei verwickelteren Verhältnissen ist man oft in der Lage, noch mehr Zwischengruppen unterscheiden zu müssen; dann kann man durch Vorsetzen des Wörtchens Unter- *(sub)* vor den Gruppennamen Unterabteilungen dieser Gruppe bilden, so daß z. B. Unterfamilie *(subfamilia)* eine Gruppe zwischen Familie und Tribus bezeichnet, Untertribus *(subtribus)* eine solche zwischen Tribus und Gattung.

Die Gesamtheit der einander untergeordneten Gruppen kann demnach allein für wildwachsende Pflanzen bis 22 verschiedene Stufen ergeben, die sich in folgender Weise aneinander schließen:

Regnum vegetabile. Divisio. Subdivisio. Classis. Subclassis. Ordo. Subordo. Familia. Subfamilia. Tribus. Subtribus. Genus. Subgenus. Sectio. Subsectio. Species. Subspecies. Varietas. Subvarietas. Forma. Forma specialis. Individuum.

Genügt diese Liste noch nicht, so kann man sie durch Einschaltung von Gruppen erweitern, nur dürfen diese weder zu Verwirrung noch zu Irrtümern Anlaß geben.

Beispiel: Die Gruppen Reihe (*series*) und Unterreihe (*subseries*) können noch zwischen Untersection (*subsectio*) und Art (*species*) eingeschaltet werden.

Art. 13. Die Begrenzung einer jeden dieser Gruppen hängt bis zu einem gewissen Grade von persönlichen Ansichten und dem Stande der Wissenschaft ab, indessen darf ihre gegenseitige, durch den Gebrauch festgelegte Reihenfolge nicht umgedreht werden; jede Gruppierung, in der Umkehrungen vorkommen, ist unzulässig.

Beispiel für unzulässige Umkehrungen: Eine Form eingeteilt in Varietäten; eine Art, die Gattungen umfaßt; eine Gattung, die in Familien oder Tribus gegliedert ist.

Art. 14. Aus der Befruchtung einer Art mit einer anderen Art geht ein Bastard *(hybrida)* hervor; aus der Befruchtung einer Abänderung oder Unterabteilung der Art mit einer Abänderung derselben Art geht ein Blendling oder Varietäts-mischling *(mistus*, franz. *métis)* hervor.

Empfehlungen.

I. Bei der Anordnung der Arten innerhalb einer Gattung oder einer Unterabteilung der Gattung bedient man sich typographischer Zeichen, der Buchstaben oder der Zahlen. Die Bastarde werden hinter einer der Arten aufgeführt, denen sie entstammen, und man setzt bei ihnen das Zeichen $\times$ vor den Gattungsnamen.

Bei der Anordnung der Unterarten innerhalb der Art bedient man sich der Buchstaben oder der Zahlen; bei der Anordnung der Varietäten gebraucht man das griechische Alphabet (α, β, γ usw.). Die Gruppen unterhalb der Varietäten und die Blendlinge werden nach Gutdünken mit Buchstaben, Zahlen oder typographischen Zeichen aufgeführt.

Die Abänderungen der Kulturpflanzen sind, soweit dies möglich, den wilden Arten anzu-gliedern, denen sie entstammen.

I bis. Bei den Parasiten, besonders den parasitischen Pilzen, wird es den Autoren, die den lediglich nach biologischen Gesichtspunkten gekennzeichneten oder morphologisch nur wenig oder kaum unterscheidbaren Formen kein Artrecht zuerkennen, anheimgestellt, innerhalb der Art noch sogenannte Spezialformen (*forma specialis, f. sp.)* zu unterscheiden, die durch ihre Anpassung an bestimmte Wirte charakterisiert sind.

Kapitel III. **Bezeichnungsweise der verschiedenen systematischen Gruppen.**

Section 1. **Allgemeine Grundsätze; Priorität.**

Art 15. Für jede Pflanzengruppe kennt die Wissenschaft nur einen gültigen Namen, und zwar ist dies in jedem Falle der älteste; nur muß er den Regeln der Nomenclatur entsprechen und unterliegt außerdem den in Art. 19 und 20 aus-gesprochenen Bedingungen (vergl. Section 2).

Art. 16. Wenn man eine Gruppe mit einem Namen belegt, der übrigens aus einem oder mehreren Wörtern bestehen kann, so will man dabei durchaus nicht in erster Linie etwas über die Merkmale oder die Geschichte dieser Gruppe aussagen, sondern der Name soll nur ein Verständigungsmittel sein für den Fall, daß von der Gruppe die Rede ist.

Art. 17. Niemand darf einen Namen oder eine Kombination von Namen ändern, wenn er nicht dafür die triftigsten, auf eingehende Sachkenntnis gestützten Gründe hat, oder sich genötigt sieht, eine regelwidrige Benennung abzuschaffen.

Art. 18. Die Form, die Zahl und die Anordnung der Namen hängen von dem Wesen einer jeden Gruppe ab, gemäß nachstehenden Regeln.

Section 2. **Ausgangspunkt der Nomenclatur; Einschränkung des Grundsatzes von der Priorität.**

Art. 19. Für die verschiedenen Gruppen des Pflanzenreichs (sowohl die rezenten wie die fossilen) gelten folgende Daten als Ausgangspunkte der Nomenclatur.[1]

a) Phanerogamae und Pteridophyta, 1753 (Linné *Species plantarum*. ed. 1).

b) Muscineae 1801 (Hedwig *Species Muscorum*).

c) Sphagnaceae und Hepaticae, 1753 (Linné *Species pl.*, ed. 1).

d) Lichenes, 1753 (Linné *Species pl.*, ed. 1).

e) Pilze: Uredinales, Ustilaginales und Gasteromycetes, 1801 (Persoon *Synopsis methodica fungorum*).

f) Übrige Pilze, 1821—32 (Fries *Systema mycologicum*).

g) Algen, 1753 (Linné *Spec. pl.*, ed 1). — Ausnahmen: Nostocaceae homocysteae, 1892—1893 (Gomont *Nostocaceae homocysteae*); Nostocaceae heterocysteae, 1886 (Bornet et Flahault *Nostocac. heterocysteae*); Desmidiaceae, 1848 (Ralfs *British Desmidiaceae*); Oedogoniaceae, 1900 (Hirn *Monographie und Iconographie der Oedogoniaceen*).

h) Myxomycetes, 1753.

Nach allgemeiner Übereinkunft bezieht man die in der Ausgabe von Linnés *Species plantarum* 1753 vorkommenden Gattungsnamen auf die dazugehörigen Beschreibungen in der 5. Ausgabe von Linnés *Genera Plantarum* vom Jahre 1754.

Art. 20. Um jedoch zu verhindern, daß die Nomenclatur der Gattungen eine bei strenger Anwendung der Nomenclaturregeln und des Prioritätsprinzips unausbleibliche, aber wenig vorteilhafte Umwälzung erleide, wird den Regeln eine Liste der unter allen Umständen beizubehaltenden Gattungsnamen als Anhang beigegeben. Diese Namen sind vorzugsweise solche, die während eines Zeitraumes von 50 Jahren nach ihrer Veröffentlichung im allgemeinen Gebrauche gewesen sind oder die in Monographien und größeren floristischen Werken bis zum Jahre 1890 Aufnahme gefunden haben. — Für die Fossilien sind zwei Listen in Aussicht genommen: 1. Eine Liste regelrecht veröffentlichter und allgemein angenommener rezenter Gattungsnamen, die mit älteren fossilen Gattungsnamen kollidieren; 2. eine Liste regelrecht veröffentlichter und allgemein angenommener fossiler Gattungsnamen, die mit älteren in die Synonymie verwiesenen Homonymen aus der Nomenclatur der rezenten Gattungen

---

1) Der Internationale Botanische Kongreß in London vom Jahre 1915 wird die Ausgangspunkte für die Nomenclatur folgender Gruppen festzusetzen haben: Schizomycetes (Bacteria); Schizophyceae (ausgenommen Nostocaceae); Flagellatae (einschl. Dinoflagellatae); Bacillariaceae (Diatomaceae).

kollidieren; diese Liste soll verhindern, daß letztere Namen wieder Geltung erlangen. Beide Listen werden in einem Anhange den Regeln beigegeben [1]).

Section 3. Nomenclatur der einzelnen Gruppen.

§ 1. Nomenclatur der Gruppen oberhalb der Familien.

Empfehlungen. Bei der Benennung der den Familien übergeordneten Gruppen beachte man im Interesse der Klarheit und einer gewissen Gleichförmigkeit folgende Vorschriften:

II. Die Namen der Abteilungen (*divisio*) und der Unterabteilungen (*subdivisio*), der Klassen (*classis*) und Unterklassen (*subclassis*) werden von einem der wesentlichsten Merkmale abgeleitet. Man bedient sich bei ihrer Bildung Wörter griechischen oder lateinischen Ursprungs und läßt bei Gruppen gleichen Ranges eine gewisse Übereinstimmung in Form und Endung walten.

Beispiele: *Angiospermae*, *Gymnospermae*; *Monocotyledoneae*, *Dicotyledoneae*; *Pteridophyta*; *Coniferae*.

Bei den Cryptogamen kann man die alten Familiennamen *Fungi*, *Lichenes*, *Algae* für Gruppen oberhalb der Familien verwenden.

III. Die Ordnungen (*ordo*) benennt man vorzugsweise nach dem Namen einer ihrer hauptsächlichsten Familien und läßt sie auf *-ales* auslauten; ähnliches gilt für die Unterordnungen (*subordo*), die die Endung *-ineae* erhalten. Indessen kann man sich auch anderer Endungen zur Bildung dieser Namen bedienen, falls nicht daraus Verwechselungen oder Irrtümer erwachsen können.

Beispiele: Für Ordnungen: *Polygonales* (von *Polygonaceae*), *Urticales* (von *Urticaceae*), *Glumiflorae*, *Tubiflorae*, *Microspermae*, *Centrospermae*, *Parietales*, *Contortae*. Für Unterordnungen: *Bromeliineae* (von *Bromeliaceae*), *Malvineae* (von *Malvaceae*), *Tricoccae*, *Enantioblastae*.

§ 2. Nomenclatur der Familien und Unterfamilien, Tribus und Untertribus.

Art. 21. Die Familien *(familiae)* benennt man nach dem Namen einer ihrer Gattungen oder nach einem der betreffenden Familie zugehörigen alten Gattungsnamen; sie erhalten die Endung *-aceae*.

Beispiele: *Rosaceae* (von *Rosa*), *Salicaceae* (von *Salix*), *Caryophyllaceae* (von *Dianthus Caryophyllus*) usw.

Art. 22. Folgende, durch langjährigen Gebrauch berechtigte Ausnahmen sind zulässig: *Palmae*, *Gramineae*, *Cruciferae*, *Leguminosae*, *Guttiferae*, *Umbelliferae*, *Labiatae*, *Compositae*.

Art. 23. Die Namen der Unterfamilien (*subfamiliae*) werden abgeleitet von dem Namen einer der zur betreffenden Unterfamilie gehörigen Gattungen; sie erhalten die Endung *-oideae*. Entsprechendes gilt für die Tribus (*tribus*), die auf *-eae* endigen, und die Untertribus (*subtribus*), die auf *-inae* auslauten.

Beispiele. — Für Unterfamilien: *Asphodeloideae* (von *Asphodelus*), *Rumicoideae* (von *Rumex*); für Tribus: *Asclepiadeae* (von *Asclepias*), *Phyllantheae* (von *Phyllanthus*). Für Untertribus: *Metastelmatinae* (von *Metastelma*), *Madiinae* (von *Madia*).

§. 3. Nomenclatur der Gattungen und ihrer Unterabteilungen.

Art. 24. Die Gattungsnamen sind Substantiva (oder substantivisch gebrauchte Adjectiva) und werden mit großem Anfangsbuchstaben geschrieben; sie sind unseren

---

1) Die Bearbeitung dieser doppelten Liste ist für den Kongreß des Jahres 1915 in Aussicht genommen.

Familiennamen zu vergleichen und Eigennamen wie diese. Diese Namen können einen ganz beliebigen Ursprung haben, sie können sogar ganz willkürlich gebildet sein.

Beispiele: *Rosa, Convolvulus, Hedysarum, Bartramia, Liquidambar, Gloriosa, Impatiens, Manihot.*

Art. 25. Die Namen der Untergattungen und Sectionen sind gewöhnlich Substantiva und ähneln den Gattungsnamen. Die gleiche Bezeichnungsweise kann man auch auf die Untersectionen und die noch unterhalb dieser stehenden Stufen ausdehnen, jedoch werden diese meist mit Eigenschaftswörtern bezeichnet, die in der Mehrzahl stehen und mit großem Anfangsbuchstaben geschrieben werden, oder man ersetzt die Namen durch eine Ordnungszahl oder einen Buchstaben.

Beispiele. — Substantivische Namen: *Fraxinaster, Trifoliastrum, Adenoscilla, Euhermannia, Archieracium, Micromelilotus, Pseudinga, Heterodraba, Gymnocimum, Neoplantago.*

Adjectivische Namen: *Pleiostylae, Fimbriati, Bibracteolata, Pachycladae.*

Empfehlungen.

IV. Leitet man den Namen einer Gattung, Untergattung oder Section von einem Personennamen ab, so verfahre man auf folgende Weise:

a) Geht der Personenname auf einen Vokal aus, so wird der Buchstabe -*a* angehängt (z. B. *Bouteloua*, nach Boutelou; *Ottoa*, nach Otto; *Sloanea*, nach Sloane); hat jedoch der Personenname bereits die Endung *a*, so wird der Endvokal in die Endung -*aea* umgewandelt (Beispiel: *Collaea*, nach *Colla*).

b) Geht der Personenname auf einen Konsonanten aus, so wird die Endung -*ia* angehängt (z. B. *Magnusia*, nach Magnus; *Ramondia*, nach Ramond); geht jedoch der Personenname auf -*er* aus, so hängt man -*a* an (z. B. *Kernera*, nach Kerner).

c) Die Silben, die durch diese Endungen keine Veränderung erleiden, bewahren genau ihre Rechtschreibung bei, ja es bleiben sogar die Konsonanten k und w wie auch Vokalzusammenstellungen erhalten, die im klassischen Latein nicht gebräuchlich waren. Buchstaben, dem Latein der Botaniker fremd sind, werden in die geeignete Form überführt; diacritische Zeichen fallen fort. Die ä, ö, ü der germanischen Sprachen werden in ae, oe, ue, die é, è, ê der französischen Sprache im allgemeinen in e umgewandelt.

d) Die Namen können ein Praefix oder Suffix erhalten, auch kann man Umstellungen der Buchstaben oder Abkürzungen vornehmen. In solchen Fällen gelten sie als Namen, die von dem ursprünglichen verschieden sind.

Beispiele: *Durvillea* und *Urvillea: Lapeyrousea* und *Peyrousea; Englera, Englerastrum, Englerella; Bouchea* und *Ubochea; Gerardia* und *Graderia; Martia* und *Martiusia.*

V. Wer Gattungsnamen zu veröffentlichen hat, halte sich an folgende Vorschriften:

a) Man vermeide allzulange und schwer auszusprechende Namen.

b) Niemals verwende man einen Namen, der schon einmal gebraucht, aber dann in die Synonymie verwiesen worden ist. (Man vermeide also die Bildung von Homonymen.)

c) Man vermeide es, Gattungen ganz unbekannten Personen oder solchen zu widmen, die der Botanik oder doch den Naturwissenschaften völlig fern stehen.

d) Man entnehme nur dann einen Namen der Sprache einer unzivilisierten Nation, wenn er sich in den Reisewerken öfter angeführt findet, wohlklingend ist und sich leicht dem Lateinischen und den Sprachen der zivilisierten Nationen anpassen läßt.

e) Man deute, wenn möglich, durch Zusammensetzung und Endung des Namens die verwandtschaftliche Stellung der Gattung oder ihre Ähnlichkeit mit irgend einer andern an.

f) Man vermeide die Verwendung substantivisch gebrauchter Adjectiva.

g) Man gebe nie einer Gattung einen Namen, dessen Form vielmehr auf eine Untergattung oder Section schließen läßt (z. B. *Eusideroxylon*; dieser Name wurde für eine gültige Gattung der *Lauraceae* verwendet und darf nicht verworfen werden).

h) Man bilde nicht einen Namen aus Bestandteilen zweier verschiedenen Sprachen (*nomina hybrida*; man vermeide also die Bildung von sogenannten hybriden Namen).

VI. Wer Untergattungs- oder Sectionsnamen zu bilden hat, beachte obige Vorschriften und außerdem noch folgende:

a) Für die hauptsächlichste Unterabteilung einer Gattung wähle man vorzugsweise den Namen so, daß er mit einer Abänderung oder einem Zusatze den Gattungsnamen wiederholt (man erreicht dies z. B. durch Voranstellung der Silbe *Eu-* vor einen Gattungsnamen griechischen Ursprungs, durch Anhängen der Silben *-astrum* oder *-ella* an lateinische Namen, oder durch irgendwelche andere Abänderungen, wie sie der Grammatik und dem Gebrauche der lateinischen Sprache entsprechen).

b) Man vermeide es, einen Untergattungs- oder Sectionsnamen innerhalb einer bestimmten Gattung in der Weise zu bilden, daß man die Endung *-oides* oder *-opsis* an den Namen einer anderen Gattung anhängt, verwende vielmehr diese Endungen bei Untergattungen oder Sectionen, die einer anderen Gattung in gewissen Zügen ähnlich sind; man hängt sie dann dem Namen dieser Gattung an, falls er griechischen Ursprungs ist.

c) Man verwende für eine Untergattung oder Section nie einen Namen, der bereits als Untergattungs- oder Sectionsname innerhalb einer anderen Gattung vorkommt, und ebensowenig bediene man sich zur Bezeichnung einer Untergattung oder Section eines Namens, der schon für eine gültige Gattung vergeben ist.

VII. Will man zugleich mit dem Namen der Gattung und Art auch den der Untergattung oder Section angeben, so kommt letzterer in Klammern zwischen Gattungs- und Artname zu stehen; z. B. *Astragalus (Cycloglottis) contortuplicatus.*

§ 4. Nomenclatur der Arten und ihrer Unterabteilungen.

Art. 26. Die Art (und das gilt auch für solche Arten, die schon für sich selbst eine [sogenannte monotypische] Gattung bilden) wird bezeichnet mit dem Namen der Gattung, zu der sie gehört, und einem darauffolgenden, gewöhnlich adjektivischen specifischen Namen (epitheton specificum, specifisches Epitheton, Artname im engeren Sinne). Es ergibt sich demnach als Bezeichnung für eine Art eine Kombination zweier Namen (Binom, binärer Name).

Beispiele: *Dianthus monspessulanus, Papaver Rhoeas, Fumaria Gussonei, Uromyces Fabae, Geranium Robertianum, Embelia Sarasinorum, Adiantum Capillus Veneris.* — Linné verwandte bisweilen Symbole bei den specifischen Namen; Art. 26 verlangt die Überführung der Symbole in Wörter, z. B. *Scandix Pecten-Veneris* (= *Scandix Pecten* ♀), *Veronica Anagallis-aquatica* (= *Veronica Anagallis* ▽).

Empfehlungen.

VIII. Der specifische Name soll im allgemeinen etwas über das Aussehen, die Merkmale. die Herkunft, die Geschichte oder die Eigenschaften der Art aussagen. Wird er von einem Personennamen abgeleitet, so geschieht dies gewöhnlich, um an den Namen dessen zu erinnern, der die Art entdeckt oder beschrieben, oder der sich sonst irgendwie mit ihr beschäftigt hat.

IX. Verwendet man Namen von Personen männlichen oder weiblichen Geschlechts, Namen von Ländern oder Örtlichkeiten zur Bildung der specifischen Namen, so erhalten diese die Form eines Substantivs im Genitiv (*Clusii, saharae*) oder adjectivische Form (*Clusianus, dahuricus*). Künftig vermeide man es, zur Bezeichnung zweier verschiedenen Arten der gleichen Gattung sowohl den Genitiv eines Namens wie das von demselben Namen abgeleitete Adjectiv zu gebrauchen (z. B. hätte vermieden werden sollen die Aufstellung des Namens *Lysimachia Hemsleyi* Franch. in Journ. de bot. IX. [1895] 461 (= *L. Franchetii* Kunth), da es bereits eine *Lysimachia Hemsleyana* Maxim. in Hook. Icon. pl. XX. [1891] t. 1980 gab).

X. Alle specifischen Namen schreibt man mit kleinen Anfangsbuchstaben; davon sind ausgenommen alle von Personennamen abgeleiteten Namen (substantivische wie adjectivische), sowie diejenigen specifischen Namen, die substantivische oder adjectivische Gattungsnamen darstellen.

8

Beispiele: *Ficus indica, Circaea lutetiana, Brassica Napus, Lythrum Hyssopifolia, Aster novi-belgii, Malva Tournefortiana, Phyteuma Halleri.*

XI. Bei der Ableitung eines specifischen Namens von einem Personennamen verfährt man auf folgende Weise:

a) Geht der Name auf einen Vokal aus, so wird der Buchstabe -*i* angehängt (z. B. *Glazioui*, von Glaziou; *Bureaui*, von Bureau); jedoch wird bei Namen, die auf -*a* auslauten, meistens die Endung -*ae* gebildet (*Balansae*, von Balansa).

b) Geht der Name auf einen Konsonanten aus, so wird die Endung -*ii* angehängt (z. B. *Magnusii*, von Magnus; *Ramondii*, von Ramond); geht jedoch der Name auf -*er* aus, so hängt man -*i* an (z. B. *Kerneri*, nach Kerner).

c) Die Silben, die durch diese Endungen keine Veränderungen erleiden, behalten genau ihre Rechtschreibung bei, ja es bleiben sogar die Konsonanten k und w wie auch Vokalzusammenstellungen erhalten, die im klassischen Latein nicht gebräuchlich waren. Buchstaben, die dem Latein der Botaniker fremd sind, werden in die geeignete Form überführt, diacritische Zeichen bleiben fort. Die ä, ö, ü der germanischen Sprachen werden in ae, oe, ue, die é, è, ê der französischen Sprache im allgemeinen in e umgewandelt.

d) Die von Eigennamen abgeleiteten adjectivischen Namen unterliegen entsprechenden Vorschriften. (*Geranium Robertianum, Verbena Hasslerana* etc.)

XII. Entsprechendes gilt für die von Frauennamen abgeleiteten specifischen Namen; substantivische Namen dieser Art erhalten die Endung des Femininum.

Beispiele: *Cypripedium Hookerae, Rosa Beatricis, Scabiosa Olgae, Omphalodes Luciliae.*

XIII. Bildet man nach dem Lateinischen oder Griechischen aus zwei oder mehr Wurzeln zusammengesetzte Namen, so dient im Lateinischen -*i*, im Griechischen -*o* als Bindevokal; demnach heißt es *menthifolia, salviifolia*, nicht menthaefolia, salviaefolia. Beginnt das zweite der in die Zusammensetzung eintretenden Wörter mit einem Vokal, so kann man des Wohlklanges wegen den Bindevokal auslassen (*calliantha, lepidantha*). ae als Bindevokal ist nur in Fällen zulässig, wo die Etymologie klarer erkennbar sein soll (*caricaeformis*, von *Carica*, mag neben *cariciformis*, von *Carex*, bestehen).

XIV. Bei der Bildung der Artnamen beachte man außerdem noch folgende Vorschriften:

a) Allzu lange, schwer auszusprechende Namen vermeide man.

b) Man vermeide Namen, die ein allen oder fast allen Arten der Gattung gemeinsames Merkmal enthalten.

c) Man vermeide es, Namen von einer wenig bekannten Örtlichkeit oder einer solchen beschränkter Ausdehnung zu entlehnen, falls nicht das Verbreitungsgebiet der Art ein durchaus lokales ist.

d) Man vermeide es, innerhalb derselben Gattung allzu ähnliche Namen zu verwenden, und dies gilt besonders für solche, die sich nur durch ihre letzten Buchstaben unterscheiden.

e) Unveröffentlichte Namen, die sich in den Notizen der Reisenden oder auf Herbarzetteln finden, verwende man nur dann, wenn die Reisenden selbst ihre Veröffentlichung gutheißen.

f) Man vermeide Namen, die bereits einmal vorher innerhalb der gleichen Gattung oder in einer verwandten Gattung Verwendung fanden und in die Synonymie verwiesen wurden *(Homonyme)*.

g) Man sollte nicht eine Art nach jemand benennen, der sie weder entdeckt, noch beschrieben, noch abgebildet, noch sich irgendwie damit beschäftigt hat.

h) Man vermeide Artnamen, die aus zwei getrennten Wörtern bestehen.

i) Man vermeide Artnamen, die mit dem Sinne des Gattungsnamens einen Pleonasmus bilden.

Art. 27. Zwei verschiedene Arten derselben Gattung dürfen nicht den gleichen specifischen Namen haben, aber derselbe specifische Name darf in mehreren Gattungen verwendet werden.

Beispiele: *Arabis spathulata* DC. und *Lepidium spathulatum* Phil. sind beides gültige Namen für zwei verschiedene Cruciferen; der Name *Arabis spathulata* Nutt. in Torr. et Gray kann nicht aufrecht erhalten werden, denn derselbe Name war bereits früher einer anderen gültigen Art der Gattung *Arabis* gegeben worden (*Arabis spathulata* DC.).

Art. 28. Die Namen der Unterarten und Varietäten werden wie die specifischen Namen gebildet und folgen letzteren nach ihrer natürlichen Rangfolge, wobei die Namen höheren Grades den Anfang bilden. Dasselbe gilt für die Untervarietäten, Formen und übrigen bei wilden Pflanzen vorkommenden, geringfügigen oder vorübergehenden Abänderungen, die zur leichteren Übersicht mit einem Namen, oder auch mit einer Zahl oder einem Buchstaben bezeichnet werden. Der Gebrauch binärer Nomenclatur für die Unterabteilungen der Arten ist unzulässig.

> Beispiele: *Andropogon ternatus* subsp. *macrothrix* (nicht *Andropogon macrothrix* oder *Andropogon ternatus* subsp. *A. macrothrix*); *Herniaria hirsuta* var. *diandra* (nicht *Herniaria diandra* oder *Herniaria hirsuta* var. *H. diandra*); forma *nanus*, forma *maculatum*.

Empfehlung.

XV. Die Vorschriften für die Bildung specifischer Namen gelten auch für die Namen der Unterabteilungen der Arten. Diese richten sich, wenn sie Adjectiva sind, im Geschlecht stets nach dem Gattungsnamen (*Thymus Serpyllum* var. *angustifolius*, *Ranunculus ocris* subsp. *Friesianus*).

XV bis. Die Specialformen werden vorzugsweise nach den Wirten benannt. Dabei ist die Anwendung von Doppelnamen zulässig, falls dies wünschenswert erscheint.

> Beispiele: *Puccinia Hieracii* f. sp. *villosi*, *Pucciniastrum Epilobii* f. sp. *Abieti-Chamaenerii*

Art. 29. Zwei verschiedene Unterarten derselben Art dürfen nicht den gleichen Namen führen. Ein bestimmter Varietätname darf nur einmal innerhalb einer und derselben Art verwendet werden, selbst wenn es sich um Varietäten handelt, die verschiedenen Unterarten untergeordnet sind. Das gleiche gilt für Untervarietäten und Formen. Es darf dagegen der gleiche Name für Unterabteilungen verschiedener Arten Verwendung finden; Unterabteilungen einer Art dürfen denselben Namen führen wie andere Arten.

> Beispiele: Folgende Namen für Unterabteilungen von Arten sind nebeneinander zulässig *Rosa Jundzillii* var. *leioclada* und *Rosa glutinosa* var. *leioclada*; *Viola tricolor* var. *hirta* ist zulässig, trotzdem es eine eigene verschiedene ältere Art *Viola hirta* gibt. Inkorrekt ist folgende Nomenclatur: *Erysimum hieraciifolium* subsp. *strictum* var. *longisiliquum* und daneben *Erysimum hieraciifolium* subsp. *pannonicum* var. *longisiliquum*. (In diesem Falle haben zwei Varietäten innerhalb derselben Art den gleichen Namen.)

Empfehlung.

XVI. Es ist empfehlenswert, von der im zweiten Absatze des Art. 29 ausgesprochenen Erlaubnis so wenig als möglich Gebrauch zu machen. Man vermeidet auf diese Weise Irrtümer und Mißverständnisse und beschränkt auf ein möglichst geringes Maß die Namensänderungen, die sich ergeben würden, falls Unterabteilungen der Arten zu Arten erhoben werden würden oder umgekehrt.

Art. 30. Den Formen und Blendlingen (métis) der Kulturpflanzen gibt man frei erfundene, der lebenden Sprache entstammende, und von den lateinischen Bezeichnungen der Arten und Varietäten möglichst abweichende Namen. Kann man sie auf eine eigentliche Art, Unterart oder Varietät zurückführen, so deutet man dies in der Anordnung der Namen an.

> Beispiel: *Pelargonium zonale* Mistreß-Pollock.

§ 5. Nomenclatur der Bastarde und Blendlinge.

Art. 31. Bastarde zwischen Arten derselben Gattung (oder Pflanzen, die man für solche Bastarde erachtet), werden mit einer Formel bezeichnet; allemal, wo dies nützlich oder notwendig erscheint, können sie außerdem noch einen Namen erhalten.

Die Formel besteht aus dem Gattungsnamen und den durch das Zeichen $\times$ verbundenen und in alphabetischer Folge angeordneten specifischen Namen beider Eltern. Ist der Ursprung des Bastards auf experimentellem Wege sichergestellt, so kann die Formel noch ergänzt werden durch Beifügung der Zeichen $\male$ und $\female$ bei den specifischen Namen.

Die Namen für Bastarde unterscheiden sich von den Artnamen, deren Regeln sie im übrigen unterliegen, durch das Fehlen einer Ordnungsnummer und durch ein dem Gattungsnamen vorgesetztes $\times$ Zeichen.

Beispiele: $\times$ *Salix capreola* = *Salix aurita* $\times$ *caprea; Digitalis lutea* $\female$ $\times$ *purpurea* $\male$; *Digitalis lutea* $\male$ $\times$ *purpurea* $\female$.

Art. 32. Bastarde zwischen Arten verschiedener Gattungen (intergenerische Bastarde), oder Pflanzen, die man als solche ansprechen kann, werden ebenfalls mit einer Formel bezeichnet; außerdem können sie noch einen Namen erhalten, wenn dies als nützlich oder notwendig erachtet wird.

Die Formel besteht aus den in alphabetischer Folge angeordneten Namen der Eltern. Der Bastard wird derjenigen der beiden Gattungen angeschlossen, deren Namen im Alphabet voransteht. Dem Bastardnamen geht das Zeichen $\times$ voran.

Beispiel: $\times$ *Ammophila baltica* = *Ammophila arenaria* $\times$ *Calamagrostis epigeios.*

Art. 33. Bastarde dritten oder noch höheren Grades werden wie die gewöhnlichen Bastarde mit einer Formel bezeichnet; etwaigenfalls können sie daneben noch einen Namen erhalten.

Beispiel: $\times$ *Salix Straehleri* = *S. aurita* $\times$ *cinerea* $\times$ *repens,* oder *S. (aurita* $\times$ *repens)* $\times$ *cinerea.*

Art. 34. Hat man verschiedene Formen eines Bastards zu unterscheiden (vielgestaltige [pleomorphe] Bastarde, Kombinationen zwischen verschiedenen Formen von Sammelarten), so ordnet man die Unterabteilungen innerhalb des Bastards eben so an wie die Unterabteilungen der Art innerhalb der Art.

Beispiele: $\times$ *Mentha villosa* β *Lamarckii* (= *M. longifolia* $\times$ *rotundifolia*). Man kann durch die Formel das Überwiegen des einen oder anderen der beiden Eltern andeuten, und zwar in folgender Weise: *Mentha longifolia* $>$ $\times$ *rotundifolia, Cirsium supercanum* $\times$ *rivulare* usw. Man kann in der Formel auch angeben, daß eine bestimmte Varietät an der Bildung des Bastards teil hat; z. B. *Salix caprea* $\times$ *daphnoides* var. *pulchra.*

Empfehlung.

XVII. Varietätsmischlinge (auch Blendlinge genannt [métis], oder Pflanzen, die man dafür hält) können durch einen Namen und eine Formel bezeichnet werden. Den Namen der Mischlinge geht das Zeichen $\times$ voran; sie werden innerhalb der Art bei deren Unterabteilungen eingeschaltet. In der Formel stehen die Eltern in alphabetischer Folge.

Section 4. **Veröffentlichung der Namen und deren Datum.**

Art. 35. Eine Veröffentlichung (Publikation) besteht in dem öffentlichen Verkaufe oder der Verteilung von Druckschriften oder Autographien in unauslöschbaren Schriftzeichen.

Werden neue Namen in einer öffentlichen Sitzung bloß mitgeteilt, oder in Sammlungen oder öffentlichen Gärten aufgestellt, so entspricht dies noch nicht den Bedingungen einer eigentlichen Veröffentlichung.

Beispiele. — *Salvia oxyodon* Webb et Heldr. wurde Juli 1850 in einem autographierten und dem öffentlichen Verkauf übergebenen Katalog veröffentlicht (Webb et Heldreich *Catalogus plantarum hispanicarum etc. ab A. Blanco lectarum*, Parisiis, Jul. 1850, in folio). Es ist dies als wirkliche Veröffentlichung zu betrachten, die freilich in diesem Falle nicht durch den Druck erfolgte. Dagegen wurde im folgenden Falle ein Name nur öffentlich mitgeteilt, ohne daß zunächst eine eigentliche Publikation erfolgte: Cusson besprach die Aufstellung der Gattung *Physospermum* in einer Mitteilung die im Jahre 1773 vor der Société des sciences de Montpellier gelesen wurde, darauf dieselbe 1782 oder 1783 noch einmal vor der Société de médecine zu Paris. Die eigentliche Veröffentlichung durch den Druck fand jedoch erst im Jahre 1787 statt, in den *Mémoires de Soc. roy. de médecine de Paris*, Vol. V. 1. part.

Art. 36. Vom 1. Januar 1908 an wird ein Name für eine neu aufgestellte Gruppe recenter Pflanzen nur dann als gültig veröffentlicht angesehen, wenn ihm eine Diagnose in lateinischer Sprache beigegeben ist.

Art. 36 bis. Vom 1. Jan. 1912 an werden die Namen neu aufgestellter Gruppen fossiler Pflanzen nur dann als gültig veröffentlicht angesehen, wenn ihnen eine lateinische Diagnose und außerdem eine Abbildung oder eine Analyse der wesentlichen Merkmale des fraglichen Objekts beigegeben sind.

Art. 37. Wird eine Art oder eine Unterabteilung einer Art in einem Werk mit vollständigem specifischen Namen oder Varietätnamen aufgeführt, ohne daß dem Namen eine Diagnose oder ein Hinweis auf eine früher unter anderem Namen veröffentlichte Beschreibung beigegeben ist, so hat ihre Veröffentlichung keine Gültigkeit. Weder die Anführung in der Synonymie noch die nur gelegentliche Erwähnung eines Namens genügen, um ihm den Anspruch auf gültige Veröffentlichung zu verleihen. Ebensowenig ist die Erwähnung eines Namens auf einem Exsiccatenzettel, ohne gedruckte oder autographierte Diagnose, eine gültige Veröffentlichung.

Tafeln, denen Analysen beigegeben sind, werden einer Beschreibung gleich erachtet. Diese Bestimmung tritt am 1. Januar 1908 außer Kraft, und die nach diesem Datum veröffentlichten Tafeln werden nicht mehr als gültig zugelassen, selbst wenn ihnen Analysen beigegeben sind.

Beispiele. — Folgende Veröffentlichungen gelten: *Onobrychis eubrychidea* Boiss. *Fl. or.* II, 540 (ann. 1872), mit Beschreibung veröffentlicht; *Panax nossibiensis* Drake in Grandidier *Hist. phys. nat. et polit. de Madagascar*, vol. XXV. t. V, III, 5. part. pl. 406 (ann. 1896), veröffentlicht in Form einer von Analysen begleiteten Tafel; *Cynanchum nivale* Nym. *Syll. fl. eur.* 108 (ann. 1854—1855), veröffentlicht mit Hinweis auf das früher beschriebene *Vincetoxicum nivale* Boiss. et Heldr.; *Hieracium Flahaultianum* Arv. Touv. et Gaut., veröffentlicht in einem Exsiccaten-Werke und mit einer gedruckten Diagnose versehen (*Hieraciotheca gallica* n. 935—942, ann. 1903). — Folgende Veröffentlichungen sind dagegen ungültig: *Sciadophyllum heterotrichum* Decne. et Planch. in *Rev. hortic.* 4. sér. III, 107 (ann. 1854), ohne Beschreibung wie auch ohne Hinweis auf eine früher unter anderem

Namen gegebene Beschreibung veröffentlicht; der Name ist ein „nomen nudum". *Ornithogalum undulatum* Hort. Berol. ex Kunth *Enum. pl.* IV, 348 (ann. 1843) findet sich angegeben als Synonym von *Myogalum Boucheanum* Kunth, l. c., der Name kann nicht als gültig veröffentlicht angesehen werden, und bei Übertragung des *Myogalum Boucheanum* Kunth in die Gattung *Ornithogalum* muß die Art den Namen *Ornithogalum Boucheanum* Aschers. in Österr. bot. Zeitschr. XVI, p. 191 (ann. 1866) erhalten. — In der Synonymie von *Micropteryx Poeppigiana* Walp. (in Linnaea XXIII, 741, ann. 1850) findet sich der Name *Erythrina micropteryx* Poepp. angeführt; wird Walpers' Art zu *Erythrina* gestellt, so muß sie heißen *Erythrina Poeppigiana* O. F. Cook in U. St. Dep. Agric. Bull. n. 25, p. 57 (ann. 1901). — Der Name *Nepeta Sieheana* Hausskn. findet sich ohne Diagnose auf einem Exsiccaten-Zettel (W. Siehe, Bot. Reise nach Cilicien n. 521, ann. 1896), und das ist keine gültige Veröffentlichung.

Art. 38. Eine Gattung oder irgend eine andere Gruppe oberhalb der Art, die nur namhaft gemacht wurde, ohne daß sie gemäß den in Art. 37 ausgesprochenen Bestimmungen gekennzeichnet wurde, kann nicht als gültig veröffentlicht angesehen werden (nomen nudum). Eine neue Gattung oder eine Gruppe oberhalb der Gattung ist nicht in ausreichender Weise gekennzeichnet durch die Angabe, daß diese oder jene Arten, bezw. diese oder jene Gattungen zu ihr gehören, und eine solche Veröffentlichung ist nicht gültig. Indessen nimmt man nach allgemeinem Übereinkommen von dieser Bestimmung die Gattungsnamen aus, die Linné in der ersten Ausgabe seiner Species plantarum 1753 erwähnt; man bezieht sie auf die entsprechenden Beschreibungen in der 5. Ausgabe der Genera plantarum 1754. (Vergl. Art. 19.)

Beispiele. — Folgende Veröffentlichungen gelten: *Carphalea* Juss. *Gen. pl.* 198 (ann. 1789), mit Beschreibung veröffentlicht; *Thuspeinanta* Dur. Ind. gen. Phaner. p. 10 (ann. 1888), mit Hinweis auf die früher beschriebene Gattung *Tapeinanthus* Boiss. veröffentlicht; *Stipa* L. *Sp. pl.* ed. 1. 78 (ann. 1753) ist gültig, weil dazu die Beschreibung in *Genera plantarum* ed. 5, p. 84 (ann. 1754) gehört. — Folgende Veröffentlichungen gelten nicht: *Egeria* Néraud (*Bot. Voy. Freycinet* p. 28, ann. 1826) ist ein Name, der ohne Diagnose und ohne Hinweis auf eine früher unter anderem Namen erfolgte Beschreibung veröffentlicht wurde (nomen nudum); der Name *Acosmus* Desv. wurde gelegentlich als Synonym von *Aspicarpa* Rich. bei De Candolle *Prodr.* I, 582, ann. 1824) angeführt; *Zatarhendi* Forsk. *Fl. aeg. arab.* p. CXV, ann. 1775, wurde auf drei Arten von *Ocimum* begründet, die nur aufgezählt wurden, Merkmale sind nicht angegeben.

Art. 39. Ein Name oder eine Kombination von Namen datiert von der wirklichen, d. h. unwiderruflichen Veröffentlichung an. Maßgebend ist das Publikationsdatum des Werkes, in dem der Name oder die Kombination von Namen enthalten ist, falls sich nicht gegen dieses ausreichende Gründe geltend machen lassen.

Vom 1. Januar 1908 an gilt in Prioritätsfragen für die recenten Pflanzen allein das Publikationsdatum der lateinischen Diagnose; für die Fossilien ist vom 1. Jan. 1912 an das Publikationsdatum der lateinischen Diagnose, der außerdem eine Abbildung beigegeben sein muß, maßgebend.

Beispiele. — Die Art *Mentha foliicoma* Opiz wurde vom Autor bereits im Jahre 1832 verteilt, jedoch datiert der Name erst vom Jahre 1882, denn erst in diesem Jahre veröffentlichte ihn Déséglise (*Menth. Op.* III, in Bull. Soc. étud. scient. Angers, 1881—1882, p. 210); die Art *Mentha bracteolata* Opiz, *Seznam*, p. 65 (ann. 1852) entbehrt an genannter Stelle der Beschreibung; mit Beschreibung wurde sie erst im Jahre 1882 publiciert (Déséglise, l. c., p. 211). — Manche Gründe sprechen dafür, daß der 1. Band von Adanson's *Familles des plantes* bereits 1762 erschienen ist, da dies jedoch ungewiß, so gilt das Jahr 1763 als Publikationsjahr, denn dieses steht auf dem Titel. — Die einzelnen Teile von Willdenow's *Species pl.* wurden, wie folgt, publiciert: Vol. I. 1798, Vol. II. 2. 1800, Vol.

III. 1. 1801, Vol. III. 2. 1803, Vol. III. 3. 1804, Vol. IV. 2. 1806; auf den entsprechenden Titel-blättern findet man die Jahre 1797, 1799, 1800, 1800, 1805; maßgebend sind die zuerst genannten Zahlen. — Der III. Band von Willkomm und Lange's *Prodromus florae hispanicae* trägt auf dem Titel die Jahreszahl 1880, ist jedoch in vier Lieferungen erschienen, und zwar so: p. 1—240: 1874; 241—512: 1877; 513—736: 1878; 737 bis Schluß: 1880; maßgebend sind die Lieferungsdaten.

Empfehlungen. Beim Veröffentlichen von Namen beachte man folgende Vorschriften:

XVIII. Man veröffentliche nie einen Namen, ohne genau und deutlich anzugeben, ob man darunter eine Familie oder eine Tribus, eine Gattung oder eine Section, eine Art oder eine Varietät versteht, kurz, man versäume es nie, sich über die Natur der Gruppe zu äußern, der man den Namen gibt.

XVIII bis. Bei der Veröffentlichung von Namen neu aufgestellter Gruppen gebe man sorg-fältig die Unterabteilung an, die man als den nomenclatorischen Typus der betreffenden neuen Gruppe ansieht; man bezeichne also genau für eine Familie die typische Gattung, für eine Gattung die typische Art, für eine Art die typische Varietät oder das typische Exemplar. Auf diese Weise vermeidet man in wohlerwogener Voraussicht die nomenclatorischen Schwierigkeiten, die sich ergeben können, falls in Zukunft die betreffende Gruppe zur Aufteilung kommen sollte.

XIX. Man vermeide bei Publikationen solche nicht veröffentlichte Namen mit anzuführen, die man selbst nicht anerkennt, namentlich, wenn diejenigen, die diese Namen gebildet haben, nicht ausdrücklich die Publikation derselben gutgeheißen haben. (Siehe Empfehlung XIV*e*.)

XX. Bei der Veröffentlichung von Namen neuer Gruppen in Werken, die in einer lebenden Sprache verfaßt sind (Floren, Katalogen etc.), füge man lateinische Diagnosen bei, denn erst diese verleihen den Namen Geltung in der wissenschaftlichen Nomenclatur (Art. 39). Den Diagnosen fossiler Pflanzen sind außerdem Figuren beizugeben.

XX bis. Angesichts der besonderen Schwierigkeiten, die die Identification fossiler Pflanzen bietet, gebe man stets außer der erforderlichen lateinischen Diagnose auch noch eine genaue Be-schreibung in französischer, englischer, deutscher oder italienischer Sprache.

XX ter. Bei der Beschreibung neuer Gruppen der niederen Cryptogamen, besonders der Pilze oder mikroskopischer Pflanzen, gebe man eine Figur oder einige Figuren dieser Pflanzen bei, um durch bildliche Darstellung des mikroskopischen Baues das Wiedererkennen dieser Formen zu erleichtern.

XX quater. Bei der Beschreibung parasitischer Pflanzen sollte stets der Name des Wirts angegeben werden, besonders wenn es sich um parasitische Pilze handelt. Die Wirtsarten sind mit ihren wissenschaftlichen lateinischen Namen zu bezeichnen und nicht mit Vulgärnamen in lebenden Sprachen, da solche wegen ihrer schwankenden Bedeutung leicht zu Mißverständnissen Anlaß bieten können.

XXI. Man gebe die Etymologie der Gattungsnamen an und auch die der Artnamen, wenn deren Ableitung und Bedeutung nicht sofort in die Augen fallen.

XXII. Bei selbständig erscheinenden Werken ist das Publikationsdatum genau anzugeben; sind numerierten und mit Bestimmungen versehenen Pflanzensammlungen Diagnosen beigegeben, so ist das Datum des Verkaufs oder der Verteilung zu vermerken. Handelt es sich um abteilungs- oder lieferungsweise erscheinende Werke, so sollten auf dem letzten Bogen jedes Bandes genau die Publi-kationsdaten der einzelnen Teile oder Lieferungen desselben verzeichnet sein, nebst Angabe der Seitenzahlen, die zu jedem Teile oder jeder Lieferung gehören.

XXIII Wer Arbeiten in Zeitschriften veröffentlicht, sollte darauf dringen, daß auf den Sonderabdrücken (Separaten) das Publikationsdatum (Jahr und Monat, eventl. auch der Tag) und außerdem der Titel der Zeitschrift, in der die Arbeit erschienen ist, vermerkt werden.

XXIV. Die Sonderabdrücke (Separata) sollten stets die Paginierung der Zeitschrift tragen, der sie entnommen sind; daneben kann auf besonderen Wunsch noch eine selbständige Paginierung gegeben werden.

Section 5. **Vorschriften über das Citieren der Autoren.**

Art. 40. Um beim Anführen des Namens oder der Namen einer Gruppe richtig und vollständig zu verfahren, und um das Publikationsdatum derselben leicht feststellen zu können, muß auch der Name des Autors angegeben (citiert) werden, der zuerst den betreffenden Namen oder die betreffende Kombination von Namen veröffentlicht hat.

Beispiele: *Simarubaceae* Lindley, *Simaruba* Aublet, *Simaruba laevis* Grisebach, *Simaruba amara* Aublet var. *opaca* Engler.

Art. 41. Eine Änderung in den wesentlichen Merkmalen oder in der Umgrenzung einer Gruppe berechtigt nicht, einen anderen Autor zu citieren als denjenigen, der zuerst den Namen oder die Kombination von Namen veröffentlicht hat.

Liegen erhebliche Änderungen vor, so fügt man dem Namen des ursprünglichen Autors eine Erläuterung in abgekürzter Form hinzu, wie etwa *mutatis charact.* oder *pro parte* oder *excl. gen., excl. sp., excl. var.* oder ähnliches dergleichen, je nach der Art der Änderungen, die vorgenommen wurden, und je nach der Gruppe, um die es sich handelt.

Beispiele: *Phyllanthus* L. em. (= emendavit) Muell. Arg.; *Myosotis* L. pro parte, R. Br. *Globularia cordifolia* L. excl. var. *β*, usw.

Art. 42. Wenn ein bis dahin unveröffentlicher Name mit Nennung des Autors, der ihn geschaffen, von einem anderen Autor veröffentlicht worden ist, so soll man später bei Erwähnung des Namens auch den Namen desjenigen Autors mit anführen, der ihn veröffentlicht hat. Ebenso soll man verfahren, wenn es sich um Namen gärtnerischen Ursprungs handelt, die mit der Angabe „Hort." versehen sind.

Beispiele: *Capparis lasiantha* R. Br. ex DC. (oder apud DC.), *Streptanthus heterophyllus* Nutt. in Torr. et Gray, *Gesnera Donklarii* Hort. ex Hook. Bot. Mag., t. 5070.

Art. 43. Wenn eine Gruppe unterhalb der Gattung unter Beibehaltung ihrer Rangstufe in eine andere Gruppe übergeführt oder in eine höhere oder niedrigere Rangstufe versetzt wird, und wenn sie in diesen Fällen ihren Namen beibehält, so ist die Umstellung gleichbedeutend mit der Aufstellung einer neuen Gruppe, und dann ist als Autor bei dem Namen der Gruppe derjenige anzugeben, der die Umstellung vorgenommen hat. Der ursprüngliche Autor kann in Klammern beigefügt werden.

Beispiele. — Wird *Cheiranthus tristis* L. in die Gattung *Matthiola* übergeführt, so heißt die Pflanze *Matthiola tristis* R. Br., oder *Matthiola tristis* (L.) R. Br. — Wird *Medicago polymorpha* L. var. *orbicularis* L. zur Art erhoben, so ergibt sich der Name *Medicago orbicularis* All., oder *Medicago orbicularis* (L.) All.

Empfehlungen.

XXV. Die Autornamen nach den Pflanzennamen werden, wenn sie nicht ganz kurz sind, in abgekürzter Form angegeben.

Zu diesem Zwecke werden zunächst die Partikel und etwaige andere nicht eigentlich zum Namen gehörende Buchstaben weggelassen, sodann gibt man die ersten Buchstaben an, ohne irgend einen auszulassen. Ist ein einsilbiger Name so kompliziert, daß es sich lohnt, ihn abzukürzen, so gibt man nur die ersten Konsonanten an (Br. für Brown); bei zwei- oder mehrsilbigen Namen gibt man die erste Silbe an und außerdem den ersten Buchstaben der folgenden Silbe, oder auch deren beide ersten Buchstaben, falls es Konsonanten sind (Juss. für Jussieu; Rich. für Richard). Ist man genötigt, weniger abzukürzen, um eine Verwechselung zwischen Namen zu verhüten, die mit denselben Silben beginnen, so verfährt man ebenso, und gibt z. B. die beiden ersten Silben nebst dem oder den beiden ersten Konsonanten der dritten Silbe an, oder man kann auch einen der letzten charakteristischen Konsonanten des Namens beifügen (Bertol. für Bertoloni, zum Unterschiede von Bertero, Michx für Michaux, zum Unterschiede von Micheli). Die Vornamen oder andere accessorische Bezeichnungen, durch die Botaniker gleichen Namens unterschieden werden, kürzt man in entsprechender Weise ab (Adr. Juss. für Adrien de Jussieu; Gaertn. fil. oder Gaertn. f. für Gaertner filius).

Ist es allgemein üblich geworden, einen Namen anders abzukürzen, so folgt man am besten dem Gebrauche (L. für Linné, DC. für De Candolle, St.-Hil. für de Saint Hilaire).

In den für das größere Publikum bestimmten Arbeiten sowie bei Titelangaben wird besser nicht abgekürzt.

XXV bis. Die Anführung des ursprünglichen Autors eines Namens in Klammern ist besonders dann zu empfehlen, wenn die Synonymie nicht beigegeben ist oder die letztere mit Namen überladen ist. In der Paläobotanik ist es gebräuchlich, stets den ursprünglichen Autor eines Artnamens oder eines Namens einer Unterabteilung der Art in Klammern beizufügen.

XXV ter. Bei der Anführung von Autoren aus der Zeit vor dem Beginne der Nomenclatur einer Gruppe wird man sich vorzugsweise der eckigen Klammern oder des Ausdrucks *ex* bedienen, falls man es überhaupt für nützlich oder wünschenswert hält, sie zu citieren. Es gilt diese Art des Citierens der Autoren besonders für die Mycologie, wenn es sich darum handelt auf Autoren hinzuweisen, die der Zeit nach Fries oder Persoon vorangehen. — *Lupinus* [Tournef. *Inst.* 392 t. 213 (1719)] L. *Sp.* ed. 1, 721 (1753) et *Gen.* ed. 4, 322; oder *Lupinus* Tourn. ex L. — *Boletus piperatus* [Bull. *Hist. Champ. Fr.* 318, t. 451, f. 2 (1791—1812)] Fries, *Syst. myc.* I, 388 (1821); oder *Boletus piperatus* Bull. ex Fries.

Section 6. Vorschriften über die Beibehaltung eines Namens für den Fall, daß eine Gruppe zerlegt, umgearbeitet, umgestellt, in ihrem Range erhöht oder erniedrigt wird, oder wenn zwei Gruppen gleichen Ranges vereinigt werden oder bei Pflanzen mit pleomorphem Entwicklungsgang.

Art. 44. Eine Änderung in den Merkmalen, oder eine Umarbeitung einer Gruppe, die zum Ausschluß gewisser Bestandteile oder zur Aufnahme neuer führt, berechtigt nicht dazu, den Namen oder die Namen der Gruppe zu ändern, falls nicht einer der im Art. 51 behandelten Fälle zu berücksichtigen ist.

Beispiele. — Die Gattung *Myosotis* wurde von R. Brown anders gefaßt als von Linné, ihr Name wurde jedoch deshalb nicht geändert und darf auch nicht geändert werden. — Manche Autoren haben mit *Centaurea Jacea* L. eine oder zwei Arten vereinigt, die Linné davon abgetrennt hatte; die Gruppe, die so zustande kam, hat die Bezeichnung *Centaurea Jacea* L. sensu ampl. oder *Centaurea Jacea* L. em. Visiani, em. Godron, zu führen; die Aufstellung eines neuen Namens (*Centaurea vulgaris* Godr.) ist überflüssig.

Art. 45. Wird eine Gattung in zwei oder mehrere zerlegt, so muß ihr Name erhalten bleiben, und er wird dann einer der hauptsächlichsten Teilgattungen beigelegt. Enthält die Gattung eine Section oder eine andere Unterabteilung, die nach ihrem Namen oder den ihr zugehörenden Arten den Typus oder den ursprünglichen Bestandteil der Gruppe darstellt, so wird der Name für diesen Teil beibehalten. Sind dagegen keine Sectionen oder dergleichen Unterabteilungen vorhanden, und ist einer der abgetrennten Teile bedeutend artenreicher als die andern, so verbleibt diesem der Name.

9

Beispiele. — Die Gattung *Helianthemum* umfaßte bei Dunal (in DC. *Prodr.* I, 266—284, ann. 1824) 112 wohlbekannte Arten in 9 Sectionen; mehrere dieser Sectionen wurden später zu Gattungen erhoben (*Fumana* Spach, *Tuberaria* Spach), der Name *Helianthemum* wurde jedoch beibehalten für die Abteilungen, die sich um die Section *Euhelianthemum* scharen. — Die Gattung *Convolvulus* L. em. Jacq. wurde von R. Brown im Jahre 1810 (*Prodr. fl. N. Holl.*, p. 482—484) in zwei zerteilt; er gab den Namen *Calystegia* der einen der beiden abgeleiteten Gattungen, die zu seiner Zeit nur 4 Arten zählte, und behielt den Namen *Convolvulus* für die andere, damals bedeutend artenreichere Gattung bei. — Als Salisbury (in *Trans. Linn. Soc.* VI. 317, ann. 1802) die Art *Erica vulgaris* L. als Vertreter einer eigenen Gattung *Calluna* aus der Gattung *Erica* ausschied, behielt er den Namen *Erica* für die große Masse der übrigen Arten bei. — Innerhalb der Gattung *Aesculus* L. unterscheidet man die Sectionen *Eu-Aesculus*, *Pavia* (Poir), *Macrothyrsus* (Spach) und *Calothyrsus* (Spach), von denen die drei letzteren von den betreffenden Autoren als eigene Gattungen angesehen wurden. Hält man diese Gattungen getrennt, so muß der Name *Aesculus* für *A. Hippocastanum* L. beibehalten werden, eine Art, die zweifellos den Typus der von Linné (*Sp. pl.* ed. 1, 344) begründeten Gattung darstellt, wie es aus dem Vergleich mit Linné *Hort. Cliff.* 142 und den älteren Ausgaben der *Gen. pl.* (ed. 1, 310; ed. 2, 367) hervorgeht; die Anwendung des aus Tournefort entlehnten Namens *Hippocastanum*, wie es Gärtner (*Fruct.* II, 135) getan hat, ist unzulässig.

Art. 46. Im Falle der Vereinigung zweier oder mehrerer gleichartigen Gruppen wird der älteste Name beibehalten. Die Auswahl zwischen Namen gleichen Datums trifft der Autor, der die Vereinigung vornimmt, und ihm haben sich die folgenden Autoren anzuschließen.

Beispiele. — Hooker f. und Thomson (*Fl. ind.* p. 67, ann. 1855) vereinigten die Gattungen *Wormia* Rottb. und *Capellia* Bl.; die Gattung, die sie dabei erhielten, nannten sie *Wormia*, weil dieser Name vom Jahre 1783 datiert, während *Capellia* erst 1825 veröffentlicht wurde. — Vereinigt man die beiden Gattungen *Cardamine* und *Dentaria*, die bei Linné (*Sp. pl.* ed. 1, p. 653, 654, ann. 1753; *Gen. pl.* ed. V., n. 726 et 727) selbständig nebeneinander bestehen, so muß die resultierende Gattung *Cardamine* heißen; denn diesen Namen wählte Crantz (*Class. Crucif.* p. 122, ann. 1769), und er war der erste, der die Vereinigung der beiden Gattungen vornahm. — H. Hallier (in Engl. *Bot. Jahrb.* XVIII, 123) vereinigt folgende drei Arten der Gattung *Ipomoea*: *I. verticillata* Forsk. (1775), *I. rumicifolia* Choisy (1834) und *I. Perrottetii* Choisy (1845); die daraus hervorgehende Art muß fernerhin den Namen *I. verticillata* Forsk. tragen, da dieser der älteste ist. — Swartz (*Prodr.* 16) beschreibt zwei *Piper*-Arten: *P. glabellum* und *P. scandens*; später vereinigt er beide Arten und wählt für die daraus hervorgehende Art den Namen *P. glabellum*. Dieser letztere Name, und nicht *P. scandens*, muß für den neuen Artbegriff beibehalten werden.

Empfehlungen.

XXVI. Wer die Wahl zu treffen hat zwischen zwei Gattungsnamen, halte sich an folgende Vorschriften:

1. Von zwei Namen gleichen Datums ist derjenige vorzuziehen, der zuerst mit einer Artbeschreibung versehen war.

2. Sind beiden Namen gleichen Datums Artbeschreibungen beigefügt, so ist der Name vorzuziehen, der zur Zeit, da man die Wahl trifft, die größere Zahl von Arten umschließt.

3. Verhalten sich beide Namen in den angegebenen Beziehungen ganz gleich, so ziehe man den korrekteren und geeigneteren Namen vor.

XXVII. Werden mehrere Gattungen mit dem Range von Untergattungen oder Sectionen unter einem gemeinsamen Namen vereinigt, so kann diejenige der Unterabteilungen, die zuerst unterschieden oder beschrieben worden ist, ihren Namen auch in der neuen Stellung beibehalten (z. B. *Anarrhinum* sect. *Anarrhinum*; *Hemigenia* sect. *Hemigenia*), oder es kann ihrem Namen ein Präfix vorgesetzt (*Anthriscus* sect. *Eu-Anthriscus*) oder ein Suffix angehängt werden (*Stachys* sect. *Stachyo-*

typus). Erhalten diese Unterabteilungen wieder den Rang von Gattungen, so fallen die Präfixe oder Suffixe ab.

XXVIII. Werden mehrere Arten mit dem Range von Unterarten oder Varietäten unter einem gemeinsamen Namen vereinigt, so kann diejenige der Unterabteilungen, die zuerst unterschieden oder beschrieben worden ist, ihren Namen auch in der neuen Stellung beibehalten (z. B. *Saxifraga aspera* subsp. *aspera*), oder es kann ihrem Namen ein Präfix vorgesetzt werden (*Alchemilla alpina* subsp. *eu-alpina*), oder sie kann in irgend einer andern herkömmlichen Weise bezeichnet werden (*normalis, genuinus, typicus, originarius, verus, veridicus* usw.). Diese Präfixe oder Bezeichnungen fallen fort, sobald diese Unterabteilungen wieder zu Arten erhoben werden.

Art. 47. Zerlegt man eine Art oder eine Unterabteilung einer Art in zwei oder mehrere gleichartige Gruppen, so bleibt der Name für diejenige Form beibehalten, die zuerst unterschieden oder beschrieben worden ist.

Beispiele. — Die Gruppe der *Genista horrida* DC. *Fl. franç.* IV, 500 wurde von Spach (in *Ann. sc. nat.* 3. sér. II, 253, ann. 1844) in 3 Arten zerlegt: *G. horrida* DC., *G. Boissieri* Spach und *G. Webbii* Spach; der Name *G. horrida* wurde beibehalten für die älteste Form, die von Vahl und Gilibert beschrieben und abgebildet worden ist. — Von *Primula denticulata* Sm. (*Exot. Bot.* II, 109, tab. 114) wurden mehrere Arten abgetrennt (*Primula cashmiriana* Munro, *P. erosa* Wall.), der Name *Primula denticulata* wurde jedoch beibehalten für die von Smith unter diesem Namen beschriebene und abgebildete Form.

Art. 48. Wird eine Unterabteilung einer Gattung oder eine Art in eine andere Gattung gestellt, wird eine Unterabteilung einer Art unter Beibehaltung ihrer Rangstufe in eine andere Art gestellt, so muß der ursprüngliche Name der Gattungsunterabteilung, das erste specifische Epitheton oder die ursprüngliche Bezeichnung der Unterabteilung der Art beibehalten oder wieder eingesetzt werden, falls nicht in der neuen Stellung einer der in den Artikeln der Section 7 behandelten Fälle in Betracht kommt und die Aufnahme des Namens verbietet.

Beispiele. — Wird die Untergattung *Alfredia* Less. (*Syn.* p. 6, ann. 1832) der Gattung *Rhaponticum* in die Gattung *Carduus* übergeführt, so behält sie ihren Namen bei: *Carduus* sect. *Alfredia* Benth. et Hook f.; wird die Section *Vaccaria* DC. der Gattung *Saponaria* zu *Gypsophila* gestellt, so bleibt ihr Name erhalten: *Gypsophila* sect. *Vaccaria* Gren. et Godr. — Wird *Lotus siliquosus* L. *Syst.* ed. 10, p. 1178 (ann. 1759) zu *Tetragonolobus* gestellt, so muß die Art *Tetragonolobus siliquosus* Roth *Tent. fl. germ.* I, 323 (ann. 1788) heißen, nicht *Tetragonolobus scandalida* Scop. *Fl. carn.* ed. 2, II, 87 (ann. 1772). — Wenn *Betula incana* L. f. *Suppl.* p. 417 (ann. 1781) zur Gattung *Alnus* gestellt wird, so muß die Art *Alnus incana* Willd. *Sp.* IV, 335 (ann. 1805) heißen, und nicht *Alnus lanuginosa* Gilib. *Exerc. phytol.* II, 402 (ann. 1792). — Wird *Satyrium nigrum* L. *Sp.* ed. 1, 944 (ann. 1753) zur Gattung *Nigritella* gestellt, so heißt die Art *Nigritella nigra* Reichb. f. *Ic. fl. germ. et helv.* XIV, 102 (ann. 1851), nicht *Nigritella angustifolia* Rich. in *Mém. Mus. Par.* IV, 56 (ann. 1818). — Wird die Varietät *Helianthemum italicum* γ. *micranthum* Gren. et Godr. *Fl. France* I (1848) 171 in die Art *H. penicillatum* Thib. übergeführt, so behält sie ihren Namen bei: *H. penicillatum* Thib. var. *micranthum* (Gren. et Godr.) Grosser in *Pflanzenreich* Heft 14 (1903) 115. — Wird die Varietät *Cardamine hirsuta* L. var. *subcarnosa* Hook. f. *Bot. Antarct. Voy.* 1, 5 (ann. 1847) in die Art *C. glacialis* (Forst.) DC. gestellt, so behält sie ihren Namen bei: *C. glacialis* (Forst.) DC. var. *subcarnosa* (Hook. f.) O. E. Schulz in Englers *Bot. Jahrb.* XXXII (1903) 342; das Vorhandensein eines älteren specifischen Synonyms für diese Varietät, *C. propinqua* Carmichael in *Trans. Linn. Soc.* XII, 507 (1818), ist ohne Einfluß auf die Wahl des Varietätnamens. (Siehe Art. 49.)

In all diesen Fällen sind die ältesten, aber inkorrekten Namenkombinationen zu verwerfen; es gelten die jüngeren Kombinationen, bei denen die Regel beachtet wurde.

Art. 49. Wird eine Tribus zur Familie, eine Untergattung oder Section zur Gattung, eine Unterabteilung der Art zur Art erhoben, oder finden die umgekehrten

Änderungen statt, allgemein ausgedrückt: ändert eine Gruppe ihre Rangstufe, so ist derjenige Name (oder diejenige Kombination von Namen) als gültig anzusehen, den die Gruppe zuerst in ihrer neuen Stellung erhielt, vorausgesetzt, daß er den Regeln entspricht und daß seiner Aufnahme nicht einer der in den Artikeln der Section 7 behandelten Fälle entgegensteht.

Beispiele. — Innerhalb der Gattung *Campanula* stellte R. Brown die Section *Campanopsis* auf (R. Br. *Prodr. fl. Nov. Holl.* p. 561, ann. 1810); die von Schrader aufgestellte Gattung *Wahlenbergia* Schrad. *Cat. Hort. gott.* ann. 1814 gründet sich auf Arten jener Section, und Schraders Name muß beibehalten werden, der von O. Kuntze aufgestellte Gattungsname *Campanopsis* O. Ktze. *Rev. gen.* II, p. 378 (ann. 1891) ist dagegen zu verwerfen. — Wird *Magnolia virginiana* L. var. *foetida* L. *Spec.* pl. ed. 1, p. 536 (ann. 1753) zur Art erhoben, so muß sie heißen *Magnolia grandiflora* L. *Syst. nat.* ed. 10, p. 1082 (ann. 1759), nicht *Magnolia foetida* Sargent in *Gard. and Forest* II, p. 615 (ann. 1889). — Die von Hudson zur Art erhobene *Mentha spicata* L. var. *viridis* L. *Sp.* ed. 1, p. 576 (ann. 1753) hat als Art den Namen zu führen, den ihr Hudson gab, *Mentha spicata* Huds. *Fl. angl.* ed. 1, p. 221 (ann. 1762); der Name *Mentha viridis* L. *Sp.* ed. 2, p. 804 (ann. 1763) kann für sie nicht beibehalten werden. — Wird *Lythrum intermedium* Ledeb. *(Ind. hort. Dorp.* ann. 1822) als Varietät von *L. Salicaria* L. angesehen, so heißt es *L. Salicaria* var. *gracilius* Turcz. (in *Bull. Soc. nat, Moscou* XVII, 235, ann. 1844), nicht *L. Salicaria* var. *intermedium* Koehne (in Engl. *Bot. Jahrb.* I 327, ann. 1881).

In all diesen Fällen sind die auf Grund der früheren De Candolleschen Regel geschaffenen Namen zu verwerfen; es treten für sie die älteren Namen oder Kombinationen von Namen ein.

Empfehlungen. Wer Stellungsänderungen wie die in Art. 49 behandelten vorzunehmen hat, beachte folgende Vorschriften, die eine Namensänderung bei Änderung der Rangstufe vermeiden lassen.

XXIX. 1. Wird eine Untertribus zur Tribus, eine Tribus zur Unterfamilie, eine Unterfamilie zur Familie usw. erhoben, oder handelt es sich um die umgekehrten Änderungen, so behalte man den ursprünglichen Namen seinem wesentlichen Bestandteile nach bei, und ändere nur dessen Endung (-inae, -eae, -oideae, -aceae, -ineae, -ales usw.), falls nicht in der neuen Stellung einer der in den Artikeln der Section 7 behandelten Fälle in Betracht kommt, oder der neue Name zu Irrtümern Anlaß bietet, oder sonst irgend ein triftiger Grund gegen ihn spricht.

2. Wird eine Section oder Untergattung zur Gattung erhoben, oder umgekehrt, so behalte man den ursprünglichen Namen bei, falls sich nicht dabei zwei Gattungen gleichen Namens im Pflanzenreich, oder zwei Unterabteilungen gleichen Namens innerhalb derselben Gattung ergeben, oder falls nicht einer der in den Artikeln der Section 7 behandelten Fälle die Aufnahme des Namens verbietet.

3. Wird eine Unterabteilung einer Art zur Art erhoben oder umgekehrt, so behalte man die ursprünglichen Epitheta bei, falls sich nicht dabei zwei Arten gleichen Namens innerhalb derselben Gattung oder zwei Unterabteilungen gleichen Namens innerhalb derselben Art ergeben, oder falls nicht einer der in den Artikeln der Section 7 behandelten Fälle die Aufnahme des Namens verbietet.

Art. 49bis. Bei den Pilzen mit pleomorphem Entwicklungsgange führen die verschiedenen aufeinanderfolgenden Stadien einer und derselben Art (Anamorphosen, Status) nur einen Gattungs- und Artnamen (Binom), nämlich den ältesten, den unter Berücksichtigung des Ausgangspunktes der Nomenclatur der betreffenden Gruppe (Fries oder Persoon) dasjenige Stadium erhalten hat, das die nach allgemeiner Übereinkunft als vollkommen bezeichnete Form enthält, vorausgesetzt, daß dieser Name sonst den Regeln entspricht.

Als vollkommenes Stadium betrachtet man bei den Ascomyceten das mit dem Ascus, bei den Basidiomyceten das mit der Basidie, bei den Uredinales das mit der Teleutospore oder ihrem Äquivalent, bei den Ustilaginales das mit der Brandspore abschließende Stadium.

Die den übrigen Stadien beigelegten Gattungs- und Artnamen haben nur vorübergehenden Wert. Sie können nicht einen bereits vorhandenen Gattungsnamen ersetzen, der sich auf eine oder mehrere Arten bezieht, von denen irgend eine die sogenannte vollkommene Form umfaßt.

Die Nomenclatur der Pilze mit nicht pleomorphem Entwicklungsgange richtet sich nach den sonst geltenden Regeln.

Beispiele. — Die Namen *Aecidium* Pers., *Caeoma* Link und *Uredo* Pers. bezeichnen verschiedene Stadien bei den Uredinales (Aecidiosporen-Stadium mit und ohne Pseudoperidie, Uredosporen-Stadium). Der Gattungsname *Melampsora* Cast. [*Obs.* II, 18 (1843)], der einer auf die Teleutosporen begründeten Gattung beigelegt wurde, darf also nicht durch den Namen *Uredo* Pers. verdrängt werden [in Körner *Neu. Magaz.* I, 93 (1794)], da der Name *Uredo* für ein unvollkommenes Stadium in Gebrauch ist. — Bei den Dothideaceen (Ascomycetes) besitzt eine Art der Gattung *Phyllachora* Nitschke, nämlich *P. Trifolii* (Pers.) Fuck. *Symb.* 218 (1869—70), ein älteres Synonym in dem Namen *Polythrincium Trifolii* G. Kunze *Myk. Heft.* I, 13, t. I, f. 8 (1817), der auf ein Conidien-Stadium dieser Art begründet wurde. Man darf nicht den Namen *Polythrincium* an die Stelle von *Phyllachora* setzen, da jener ein niederes Stadium bezeichnet. — Mit dem Namen *Phoma* Fries emend. Desm. bezeichnet man eine Gruppe der Fungi imperfecti (Deuteromycetes); mehrere Vertreter dieser Gruppe haben sich als Spermogonien-Stadien von Arten der Gattung *Diaporthe* (Valsaceen, Ascomyceten) herausgestellt: *Phoma Ailanthi* Sacc. gehört zu *Diaporthe Ailanthi* Sacc., *Phoma alnea* (Nitschke) Sacc. zu *Diaporthe alnea* Fuck., *Phoma detrusa* (Fries) Fuck. zu *Diaporthe detrusa* Sacc. usw. Von vielen Arten der Gattung *Phoma* kennt man jedoch das vollkommene Stadium nicht, und möglicherweise existiert bei mehreren nicht einmal ein solches. Deshalb müssen wir den Namen *Phoma* zur Bezeichnung der genannten Gruppe der Fungi imperfecti beibehalten.

Section 7. **Vorschriften über das Verwerfen, Ersetzen oder Abändern der Namen.**

Art. 50. Niemand ist berechtigt, einen Namen (oder eine Kombination von Namen) zu verwerfen, abzuändern oder durch einen andern (oder eine andere) zu ersetzen auf den Vorwand hin, daß er schlecht gewählt sei, daß er nicht angenehm sei, daß ein anderer besser oder bekannter sei, noch wegen des Vorhandenseins eines älteren, allgemein als ungültig angesehenen Homonyms, noch aus irgend einem anderen anfechtbaren oder unwichtigen Grunde. (Siehe auch Art. 57.)

Beispiele. — Diese Regel wurde nicht beachtet, als man *Staphylea* in *Staphylis*, *Tamus* in *Thamnos*, *Mentha* in *Minthe*, *Tillaea* in *Tillia*, *Vincetoxicum* in *Alexitoxicon* umwandeln wollte; ferner wurde sie übergangen, als man einsetzen wollte, *Orobanche sarothamnophyta* für *Orobanche Rapum*, *O. columbarihaerens* für *O. Columbariae*, *O. artemisiepiphyta* für *O. Artemisiae*. Alle diese Änderungen müssen nach Art. 50 verworfen werden. — Der Gattungsname *Wickstroemia* Endl. *Prodr. fl. norfolk.* p. 47 (ann. 1833) hat zwei ältere Homonyme: *Wi(c)kstroemia* Schrad. *Goett. gel. Anz.* p. 710 (ann. 1821) und *Wi(c)kstroemia* Spreng. in *Vet. Akad. Handl. Stockholm* 1821, p. 167 t. 3; dies ist kein Grund, für *Wickstroemia* Endl. den Namen *Diplomorpha* Meißn. in *Regensb. Denkschr.* III, 289 (ann. 1841) einzusetzen, denn beide Homonyme sind längst in die Synonymie verwiesen. *Wikstroemia* Schrad. ist ein Synonym von *Laplacea* Kunth (1821), *Wikstroemia* Spreng. Synonym einer Unterabteilung der Gattung *Eupatorium* L. (ann. 1753).

Empfehlungen. Bezüglich der Aufnahme von Homonymen siehe die Empf. V*b* u. XIV*f*; danach soll man für die Zukunft solchen Fällen wie dem eben genannten vorbeugen.

Art. 51. In folgenden Fällen sollte niemand einen Namen anerkennen:

1. Wenn der Name einer Gruppe im Pflanzenreich gegeben wird, für die bereits ein älterer gültiger Name vorhanden ist.

2. Wenn er unter den Namen der Klassen, Ordnungen, Familien oder Gattungen, oder unter den Namen der Unterabteilungen oder der Arten derselben Gattung, oder unter den Namen der Unterabteilungen derselben Art bereits vertreten ist.

3. Wenn er auf eine Monstrosität begründet wurde.

4. Wenn die Gruppe, die er bezeichnet, ganz unzusammenhängende Bestandteile umfaßt, oder wenn er dauernd zu Verwirrung und Irrtümern Anlaß bietet.

5. Wenn er den Regeln der Sectionen 4 und 6 nicht entspricht.

Beispiele. — 1. Der Name *Carelia* Adans. (ann. 1763) ist zu verwerfen, denn die gleiche Gattung hatte bereits vorher den gültigen Namen *Ageratum* L. (ann. 1753) erhalten. *Carelia* ist Synonym von *Ageratum*. — *Trichilia alata* N. E. Brown in *Kew Bull.* (1896) 160 ist Synonym von *Tr. pterophylla* C. DC. in *Bull. Herb. Boiss.* II (1894) 581 und daher zu verwerfen.

2. Boissier gab einer Labiaten-Gattung den Namen *Tapeinanthus*; dieser Name ist ein Homonym der älteren gültigen Amaryllidaceen-Gattung *Tapeinanthus* Herb., und konnte daher nicht beibehalten werden; deshalb taufte Th. Durand die Labiaten-Gattung in *Thuspeinanta* um. — *Astragalus rhizanthus* Boiss. (*Diagn. pl. or.* sér. I. II. 83, ann. 1843) wurde in *A. cariensis* Boiss. umgetauft, da es bereits ein älteres gültiges Homonym gab (*Astragalus rhizanthus* Royle *Illustr. Bot. Himal.* (p. 199, ann. 1833—1840).

3. Die Gattung *Uropedium* Lindley wurde auf eine Monstrosität begründet, die man jetzt zu *Phragmopedilum caudatum* Rolfe stellt.

4. Die Gattung *Schrebera* L. beruht auf einer Vereinigung der Merkmale von *Myrica* und *Cuscuta* (Wirtspflanze und Parasit), und ist daher für null und nichtig zu erklären; *Lemairea* De Vr. ist ebenfalls zu tilgen, da der Name Bestandteile verschiedener Familien umfaßt. — Linné beschrieb unter dem Namen *Rosa villosa* eine Pflanze, die zu mehreren verschiedenen Arten gerechnet wurde und deren sichere Deutung völlig ausgeschlossen zu sein scheint; in diesem Falle, wie in manchen ähnlichen ist es besser, den Namen völlig fallen zu lassen, da seine Anwendung nur Verwirrung stiften kann.

5. Vergl. die Beispiele zu Art. 48 und 49.

Art. 52. Der Name einer Ordnung, Unterordnung, Familie, Unterfamilie, Tribus, Untertribus ist durch einen anderen zu ersetzen, wenn er von einer Gattung abgeleitet ist, von der nachgewiesen wird, daß sie nicht zur betreffenden Gruppe gehört.

Beispiele. — Ließe sich etwa nachweisen, daß die Gattung *Portulaca* nicht zur Familie der *Portulacaceae* gehört, so müßte die Familie, die bisher den Namen *Portulacaceae* führte, einen anderen Namen erhalten. — Nees (in Hooker and Arnott *Bot. Beecheys Voy.*, p. 237, ann. 1836) benannte eine Tribus der Gräser nach dem Namen der Gattung *Tristegis* Nees: *Tristegineae*; *Tristegis* ist ein Synonym von *Melinis*. Die Gattung *Melinis* (*Tristegis*) wurde nun von Stapf (in *Fl. cap.* VII, 313) und Hackel (in *Österr. bot. Zeitschr.* LI, 464) aus dieser Tribus ausgeschlossen, daher nannten diese Autoren die Tribus jetzt *Arundinelleae* (nach der Gattung *Arundinella*).

Art. 53. Wird eine Untergattung, Section oder Untersection unter Beibehaltung ihrer Rangstufe in eine andere Gattung versetzt, so muß ihr Name durch einen anderen ersetzt werden, wenn er bereits innerhalb der Gattung für eine gültige Gruppe gleichen Ranges vergeben ist.

Wird eine Art von einer Gattung in eine andere übertragen, so muß ihr specifisches Epitheton durch ein anderes ersetzt werden, wenn es bereits für eine gültige Art der Gattung vergeben ist. In gleicher Weise muß bei Übertragung einer Unterart, Varietät oder anderen Unterabteilung der Art in eine andere Art der Name geändert werden, wenn er bereits für eine gültige Unterabteilung gleichen Ranges innerhalb der Art vergeben ist.

Beispiele. — Spach stellte 1849 die Art *Spartium biflorum* Desf. (ann. 1798—1800) in die Gattung *Cytisus*, den Namen *Cytisus biflorus* durfte die Art nicht erhalten, da es bereits in der Gattung eine Art dieses Namens *Cytisus biflorus* L'Hér. (ann. 1785) gab, die Spach als gültig ansah; er gab daher jener neu hinzugekommenen Art ein anderes Epitheton und nannte sie *Cytisus Fontanesii* Spach. — Als ältestes Synonym für *Calochortus Nuttallii* Torr. et Gray (in *Pacific Rail. Rep.* II, 124, ann. 1855—56) wird *Fritillaria alba* Nutt. (*Gen. Amer.* I, 222, ann. 1818) angeführt; man darf jedoch dieser Art nicht das älteste specifische Epitheton beilegen, wie es in *Notizbl. Bot. Gart. Mus. Berlin* II, 319, ann. 1899, geschehen ist, da es bereits innerhalb der Gattung *Calochortus* eine gültige Art des Namens *C. albus* (Dougl. in Maund *Botanist* t. 98, ann. 1839) gibt.

Art. 54. Gattungsnamen sind außerdem in folgenden besonderen Fällen zu verwerfen:

1. Wenn sie mit einem in der Morphologie allgemein gebräuchlichen Kunstausdruck zusammenfallen, sofern sie nicht zusammen mit Artnamen eingeführt sind.

2. Wenn sie einer uninominalen Nomenclatur entstammen.

3. Wenn sie aus zwei getrennten Wörtern bestehen, sofern nicht diese beiden von Anfang an in ein einziges Wort verschmolzen oder durch einen Bindestrich vereinigt worden sind.

Beispiele. — 1. Gattungsnamen wie *Lignum, Radix, Spina, Radicula* usw. würden heutigen Tages nicht zulässig sein, hingegen würde man z. B. den Gattungsnamen *Tuber* nicht verwerfen, da er in Verbindung mit Artnamen veröffentlicht worden ist (*Tuber cibarium* usw.).

2. Ehrhart (Phytophylacium, ann. 1780 et Beiträge IV. 145—150) hat einmal eine uninominale Nomenclatur an Stelle der Binome zur Bezeichnung der Arten einführen wollen (*Phaeocephalum, Leptostachys* usw.). Diese Namen ähneln Gattungsnamen, sind jedoch mit ihnen nicht zu verwechseln und müssen verworfen werden, sofern nicht ein späterer Autor sie etwa zur Bezeichnung echter Gattungen verwandt und als solche charakterisiert hat (z. B. *Baeothryon* A. Dietr. Spec. pl. II [1833] 80).

3. Namen wie *Quispualis, Sebastiano-Schaueria, Neves-Armondia* sind beizubehalten.

Art. 55. Artnamen (spezifische Epitheta) sind außerdem noch in folgenden besonderen Fällen zu verwerfen:

1. Wenn sie Ordnungszahlwörter sind, die nur den Zweck einer Aufzählung verfolgen.

2. Wenn sie eine einfache Wiederholung des Gattungsnamens darstellen.

Beispiele. — 1. *Boletus vicesimus sextus, Agaricus octogesimus nonus.* — 2. *Linaria Linaria, Raphanistrum Raphanistrum* usw.

Art. 56. In den in Art. 51—55 behandelten Fällen ist der zu verwerfende Name durch den ältesten gültigen Namen der betreffenden Gruppe zu ersetzen, oder es ist, falls ein solcher fehlt, ein neuer Name für die Gruppe zu bilden.

Unter einem gültigen Namen versteht man hier einen Namen (oder insbesondere eine Kombination von Namen), bei dessen Aufstellung die Nomenclaturregeln in ihrer Gesamtheit befolgt wurden. Der Autor einer neuen Kombination kann nach Belieben das specifische Epitheton einem älteren nicht gültigen Binom (totgeborenen Namen) entlehnen oder ein neues Epitheton bilden.

Beispiele. — Wird *Linum Radiola* L. (1753) in die Gattung *Radiola* übergeführt, so muß die Art *Radiola linoides* Roth (1788) heißen; nichts verpflichtet dazu, das ältere Synonym *Linum multiflorum* Lamk (1778) zur Verwendung zu bringen, da diese Kombination dem Artikel 51, 1° der Regeln zuwiderläuft. — Wird *Peucedanum Silaus* L. (1753) in die Gattung *Silaus* gestellt, so muß die Art *Silaus flavescens* Bernh. (1800) heißen; nichts verpflichtet dazu, das ältere Synonym *Seseli selinoides* Jacq. (1762) zur Verwendung zu bringen, da diese Kombination dem Artikel 48 der Regeln widerspricht. — Wird *Polypodium montanum* Vogl. (1781) [non Lamk 1778)] = *P. Oreopteris* Ehrh. ex Willd. (1787) in die Gattung *Dryopteris* gestellt, so muß die Art *D. Oreopteris* Max. heißen; nichts verpflichtet dazu, das ältere Synonym *Polypodium montanum* Vogl. zur Verwendung zu bringen, da diese Kombination dem Art. 51, 2° der Regeln widerspricht. Allerdings wurde *P. montanum* Lamk später in die Gattung *Cystopteris* (*C. montana* (Lamk) Desv.) gestellt, aber die Gattung *Cystopteris* datiert erst vom Jahre 1806, und Ehrhart konnte sie weder voraussehen noch auf sie Rücksicht nehmen. — Siehe auch die Beispiele zu den Art. 51 und 53.

Art. 57. Die ursprüngliche Schreibweise eines Namens ist beizubehalten, falls es sich nicht um einen typographischen oder orthographischen Irrtum handelt. Weichen zwei Namen, insbesondere zwei Gattungsnamen, nur in der Endung voneinander ab, so müssen sie als verschiedene Namen gelten, selbst wenn nur ein einziger Buchstabe den Unterschied bedingt.

Beispiele: *Rubia* und *Rubus*, *Monochaete* und *Monochaetum*, *Peponia* und *Peponium*, *Iria* und *Iris*, *Adenia* und *Adenium* gelten als verschiedene, nebeneinander berechtigte Namen.

Empfehlungen.

XXX. Man hüte sich vor orthographischen Korrekturen, insbesondere wenn etwa die erste Silbe oder gar der erste Buchstabe des Namens zu ändern sein sollte.

XXXI. Viele Namen weichen voneinander nur durch einen einzigen Buchstaben ab, ohne daß die Gefahr einer Verwechselung vorliegt (z. B. *Durvillea* und *Urvillea*). Sollten Irrtümer hervorgehen können aus der Beibehaltung gleichlautender oder nahezu gleichlautender Namen nebeneinander (z. B. *Astrostemma* und *Asterostemma* in der Familie der *Asclepiadaceae*, *Pleuripetalum* und *Pleuropetalum* bei den *Orchidaceae*), so behält man unter Berufung auf Art. 51, 4° nur den einen der Namen (den ältesten) bei.

Kapitel IV. Änderungen der Regeln der botanischen Nomenclatur.

Art. 58. Änderungen an den Regeln der botanischen Nomenclatur sind ausschließlich einem internationalen botanischen Kongresse vorbehalten, der zu bestimmter Zeit und zu diesem besonderen Zwecke zusammentritt, und auf dem sachkundige Vertreter der botanischen Wissenschaft über die einschlägigen Fragen entscheiden.

Anhang. Empfehlungen verschiedener Art.

XXXII. Die Botaniker sollten bei Veröffentlichungen in einer lebenden Sprache sich vorzugsweise der wissenschaftlichen lateinischen Namen oder solcher bedienen, die unmittelbar von diesen abgeleitet sind. Namen anderer Art und anderen Ursprungs sollten sie vermeiden, falls es sich nicht etwa um ganz unzweideutige und allgemein gebräuchliche Namen handelt.

XXXIII. Jeder Freund der Wissenschaft sollte zu verhindern suchen, daß Pflanzennamen in eine lebende Sprache eingeführt werden, die dieser nicht eigen sind, wenn es sich nicht um Namen handelt, die von den lateinischen botanischen Namen vermittelst leichter Abänderungen abgeleitet sind.

XXXIV. Für Maß- und Gewichtsangaben bediene man sich in der Botanik stets nur des metrischen Systems. Die alten Maße, wie Fuß, Linie, Zoll, Pfund, Unze usw. sollten streng aus der Sprache der Wissenschaft verbannt sein.

Höhen- und Tiefenangaben, Angaben über Schnelligkeit, überhaupt alle Ausmessungen im allgemeinen werden im metrischen System ausgedrückt. Die alten Maße, wie Faden, Knoten, Seemeilen usw. sollten aus der Sprache der Wissenschaft verschwinden.

XXXV. Ganz kleine Abmessungen gebe man in μ an (Mikromillimetern, Mikronen oder 1000 tel Teilen des Millimeters), und nicht in Bruchteilen des Millimeters oder der Linie, da Dezimalzahlen leicht zu Irrtümern Veranlassung geben können.

XXXVI. Wer Figuren veröffentlicht, sollte stets die entsprechenden Vergrößerungszahlen genau und deutlich beifügen.

XXXVII. Die Temperatur wird in Graden des Celsiusschen 100 teiligen Thermometers angegeben.

XXXVIII. Es ist von größter Wichtigkeit, die Originalien zu den Beschreibungen neu aufgestellter Gruppen sorgfältig zu verwahren. Von den mikroskopischen Pilzen verwahre man die Präparate und die Originalzeichnungen; von den fleischigen Pilzen verwahre man Aquarellbilder und in passender Weise präparierte oder getrocknete Exemplare, usw.

10

V. Indices nominum genericorum utique conservandorum secundum articulum vicesimum regularum nomenclaturae botanicae internationalium.[1]

Familiae	Nomina conservanda	Nomina rejicienda

Algae.

Chlorophyceae.

Dasycladaceae	Acetabularia Lamour., Nouv. Bull. soc. Philom. t. III. (1812) p. 185.	Acetabulum (Tourn.) Boehm. in Ludwig, Definition. Gen. Pl. (1760) p. 504.
Desmidiaceae	Bambusina Kütz., Phyc. germ. (1845) p. 140.	? Gymnozyga Ehrenb. in Berlin. Monatsber. 1840, p. 112; Jacobsen in Botanisk Tidsskr. 8 (1876) p. 213.
Desmidiaceae	Closterium Nitzsch, Beitr. z. Infus. (1817) pp. 60 et 67.	? Echinella Achar. in Weber et Mohr, Beitr. z. Naturk. II. (1810) p. 340.
Desmidiaceae	Cosmarium (Corda) Ralfs in Ann. Nat. Hist. XIV. (1844) p. 391.	? Ursinella Turpin, Aperçu organ. in Mémoir. Hist. Nat. XVI (1828) p. 316, et Kuntze, Rev. gen. pl. II. p. 922.
Hydrodictyaceae	Hydrodictyon Roth, Tent. Flor. Germ. III. (1800) p. 501.	Reticula Adans. Fam. d. Plantes II (1763) p. 3, ex parte.
Mesocarpaceae	Mougeotia Ag., Syst. Alg. (1824) p. XXVI. (Non Mougeotia Humboldt, Bonpland et Kunth, Nov. gen. et spec. V. (1821) p. 362 = Melochia L.)	Serpentina S. F. Gray, Nat. Arrang. Brit. Plants I. (1821) p. 279 (Serpentinaria p. 299) et Agardhia ibid. pp. 279 et 299.
Desmidiaceae	Netrium Lütkemüller in Cohns Beiträg. VIII. (1902) pp. 404 et 407.	? Pleurosicyos Corda in Alm. Carlsbad 1835 p. 178.
Oedogoniaceae	Oedogonium Link in Nees, Hor. Phys. Berol. (1820) p. 5.	Prolifera Vaucher, Hist. Conf. d'eau douce (1803) p. 14 sec. O. Kuntze.
Protococcaceae	Ophiocytium Naegeli, Gatt. einz. Alg. (1849) p. 87.	Spirodiscus Eichwald in Bull. Soc. Mosc. XX. (1847) p. 285 ex parte (sine descriptione generis).

---

1) Sont réservées pour le Congrès de Londres en 1915 des listes pour les groupes suivants: Champignons (et Schizomycètes), Lichens, Algues (Flagellates, Schizophycées et Diatomées, ainsi que des listes complémentaires éventuelles pour d'autres groupes) et Bryophytes.

Familiae	Nomina conservanda	Nomina rejicienda
Zygnemaceae	Spirogyra Link in Nees, Horae phys. Berolin. (1820) p. 5.	Conjugata Vaucher, Hist. d. Conf. d'eau douce (1803) p. 64 ex parte (Conferve à spirales).
Desmidiaceae	Spirotaenia Bréb. (nomen in Dict. Univ. Hist. Nat. IV. (1844) p. 711, in Ralfs Brit. Desm. (1848) p. 178.	Entospira Bréb. in Kütz., Tab. Phyc. I. (1847) p. 24, sine descriptione generis, tantum speciei.
Chaetophoraceae	Stigeoclonium Kütz., Phyc. general. (1838) p. 253.	Myxonema Fries in Syst. Orb. veget. (1825) p. 343 ex parte (sec. Hazen (1902) [non Corda, Icon. Fung I. (1837) p. 10, t. 2].
Vaucheriaceae	Vaucheria De Candolle in Bull. Soc. Philom. III (1801) p. 19.	? Ectosperma Vaucher in Mémoir. d. Conferv. (1800) p. 3.
Zygnemaceae	Zygnema Ag., Syn. alg. Scand. (1817) p. XXXII tantum quoad sect. 2; S· F. Gray, Natur. arrang. Brit. plants I· (1821) p. 296.	? Lucernaria Roussel in Flore du Calvados éd. 2, (1806) pp. 20 et 84, sec. O. Kuntze.
Zygnemaceae	Zygogonium Kütz., Phycol. general. (1843) p. 280.	? Leda Bory in Dict. class. Hist. Nat. I (1822) p. 595.

Phaeophyceae.

Laminariaceae	Alaria Grev., Alg. Brit. (1830) pp. XXXIX, 25.	Musaefolia (um) Stackh. in Mém. soc. nat. Mosc. II. (1809) pp. 53 et 66; Orgyia Stackh., Nereis Brit. Ed. 2 (1816) p. VIII.
Sporochnaceae	Carpomitra Kütz., Phycol. general. (1843) p. 343.	Chytraphora Subr in Flora (1834) II, p. 721.
Fucaceae	Cystoseira Ag., Spec. alg. I. (1821) p. 50.	Gongolaria Ludw., Defin. gen. plant. [(1747) p. 301]; ed. Böhmer (1760) p. 503.
Desmarestiaceae	Desmarestia Lamour. Essai d. Thalassiophytes (1813) p. 23.	Hippurina Stackh. in Mém. Soc. nat. Mosc. II. (1809) p. 59, Hyalina Stackh. (1809) ibid. p. 88.
Punctariaceae	Desmotrichum Kütz., Phyc. german. (1845) p. 244; Reinke Algenfl. westl. Osts. (1889) p. 56.	Diplostromium Kütz., Phyc. gen. (1843) p. 298.
Dictyotaceae	Dictyopteris Lamour., Dissert. sur plus. espèces de Fucus I. (1805) p. 32.	Neurocarpus Web. et Mohr., Beitr. zur Naturk. I. (1805) p. 300.
Dictyosiphonaceae	Dictyosiphon Grev., Alg. Brit. (1830) pp. XLIII, 55.	Scytosiphon [Ag., Disp. Alg. Suec. II. (1811) p. 24 ex p.] Duby, Bot. Gallicum (1830) p. 957.
Ectocarpaceae	Ectocarpus Lyngb., Tent. Hydr. Dan. (1819) p. 130.	Colophermum Rafinesque, Précis des déc. somiol. (1814) p. 49.
Elachistaceae	Elachista Duby, Mém. Céram. I. (1832) p. 19.	Ospospermum Rafinesque, Précis des déc somiol. (1814) p. 48.

Familiae	Nomina conservanda	Nomina rejicienda
Fucaceae	Fucus (L. Sp. plant.) Decne et Thur. Ann. sc. nat. sér. 3, III. (1845) p. 13.	Virsoides Donati, Storia nat. mar. [1750. p. 30, id. germ. 1753]. Virsodes O. Kuntze, Rev. gen. pl. II. (1891) p. 929.
Fucaceae	Halidrys [Lyngb., Tent. (1819) p. 37] Grev. Alg. Brit. (1830) pp. XXXIV, 9.	Siliquarius Roussel, Fl. du Calvados, éd. 2 (1806) p. 94. Siliquaria Stackh. in Mém. soc. nat. Mosc. II. (1809) pp. 54 et 67.
Fucaceae	Himanthalia Lyngb., Tent. Hydr. Dan. (1819) p. 36.	Funicularius Roussel, Flore du Calvados, 2e édit. (1806) p. 91.
Fucaceae	Hormosira Endl., Gen. plant. (1839) p. 10.	Moniliformia [Lamour., Dict. class. VII. (1825) p. 71] Bory in Duperr., Voyage de la Coquille, Bot. (1826) p. 132.
Laminariaceae	Laminaria Lamour. in Ann. du Muséum XX. (1813) p. 40.	Saccharina Stackh. in Mém. soc. nat. Mosc. II. (1809) p. 65. Phycodendron Eg. Olafsen et B. Povelsen, Reise igiennem Island. I. (Soroe 1772) [ed. Germ. I. (1774) p. 234].
Encoeliaceae	Punctaria Grev., Alg. Brit. (1830) pp. XLII et 52.	Fasciata S. F. Gray, Nat. Arr. Brit. pl. I. (1821) p. 383 ex p.
Laminariaceae	Saccorhiza de la Pyl., Flore Terre Neuve (1829) p. 23.	Polyschidea Stackh. in Mém. soc. nat. Mosc. II. (1809) pp. 53, 65—66.
Encoeliaceae	Scytosiphon [C. Ag. Disp. Alg. Suec. II. (1811) p. 24, ex p.] Thuret in Ann. sc. nat. sér. 3, XIV. (1850), 14 p. 239.	Tubicutis O. Kuntze, Rev. gen. pl. III. (1893) p. 434.

Rhodophyceae.

Bangiaceae	Bangia Lyngb., Tent. Hydr. Dan. (1819) p. 82.	Diadenus [Pal. de Beauv., Nouv. Dict. d'hist. nat. IX. (1817) p. 378] Bory Dict. class. d'hist. nat. V. (1824) p. 447.
Rhodomelaceae	Bostrychia Mont. in Ramon de la Sagra, Hist. de l'ile de Cuba (1838) p. 39.	Amphibia Stackh. in Mém. soc. nat. Mosc. II. (1809) pp. 58, 89.
Sphaerococcaceae	Calliblepharis Kütz. in Linnaea, t. 17 (1843) p. 102.	Ciliaria Stackh. in Mém. soc. nat. Mosc. II. (1809) pp. 54, 70.
Ceramiaceae	Ceramium (Roth) Lyngb., Tent. Hydr. Dan. (1819) p. 117; J. Ag. 1851.	Apona Adans., Fam. d. plantes II. (1763) pp. 2, 519. Episperma Rafin., Précis des déc. somiol. (1814) p. 48.
Rhodymeniaceae	Chylocladia [Grev. in Hooker, Brit. Flora I. (1833) p. 297] Thur. in Ann. sc. nat. sér. 4, III. (1855) p. 18.	Sedoidea Stackh. in Mém. soc. nat. Mosc. II. (1809) pp. 57, 83. Sedodea O. Kuntze, Rev. gen. plant. II. p. 921.
Rhodomelaceae	Dasya Ag., Spec. Alg. II. (1828) p. 116 [Dasia Ag., Systema (1824) p. XXXIV (XXXII ex errore typogr.)].	Baillouviana Griselini, Observ. s. le Scolependre (1750) pp. 25—32, tab. II; Adans., Fam. d. pl. II. (1763) p. 13. Ellisius S. F. Gray, nat. Arr. Brit. pl. I. (1821) p. 333.
Delesseriaceae	Delesseria Lamour., Essai d. Thalassiophytes (1813) p. 34.	Hydrolapathum Stackh. in Mém. soc. nat. Mosc. II. (1809) pp. 54, 67—68. Membranoptera Stackh. in Mém. soc. nat. Mosc. II. (1809) pp. 57, 85.

Familiae	Nomina conservanda	Nomina rejicienda
Nemastomaceae	Furcellaria Lamour., Essai d. Thalassiophytes (1813) p. 25.	Fastigiaria Stackh. in Mém. soc. nat. Mosc. (1809) p. 90.
Sphaerococcaceae	Gracilaria Grev., Alg. Brit. (1830) pp. LIV, 121.	Ceramianthemum Donati, Stor. mar. Adr. (1750) p. XXVIII; O. Kuntze Rev. gen. pl. III. p. 887.
Lemaneaceae	Lemanea Bory in Ann. du Muséum XII. (1808) p. 181.	Polysperma Vaucher, Hist. Conf. d'eau douce (1803) pp. (90) 99. Polyspermum Kuntze, Rev. gen. pl. III². (1898) p. 422.
Delesseriaceae	Nitophyllum Grev., Alg. Brit. (1830) pp. XLVII, 77.	Scutarius Roussel, Flore du Calvados (1806), éd. 2 pp. 91—92. Papyracea Stackh. in Mém. soc. nat. Mosc. II. (1809) pp. 56, 76.
Rhodomelaceae	Odonthalia Lyngb., Tent. Hydr. Dan. (1819) p. 9.	Fimbriaria Stackh. in Mém. soc. nat. Mosc. II. (1809) p. 95.
Squamariaceae	Peyssonnelia Decaisne in Arch. du Mus. II. (1841) p. 59.	Pterigospermum Targ.-Tozzetti ex Bertoloni, Amoen. Ital. (1819) pp. 310 bis 312.
Gigartinaceae	Phyllophora Grev., Alg. Brit. (1830) pp. LVI, 135.	Membranifolia Stackh., Mém. soc. nat. Mosc. II. (1809) pp. 55, 75.
Rhodymeniaceae	Plocamium Lamour., Ann. du Muséum II. (1813) p. 137.	Nereidea Stackh. in Mém. soc. nat. Mosc. II. (1809) pp. 58, 86.
Rhizophyllidaceae	Polyides [C. Ag., Spec. Alg. I, pars 2 (1822) p. 390] Grev., Alg. Brit. (1830) pp. XLV, 69.	Fastigiaria Stackh. in Mém. soc. nat. Mosc. II. (1809) pp. 50, 90.
Rhodomelaceae	Polysiphonia Grev., Flora Edinensis (1824) pp. LXVII, 308.	Vertebrata S. F. Gray, Nat. Arr. Brit. pl. (1821) pp. 334—338.
Bangiaceae	Porphyra C. Ag., Spec. Alg. I., pars 2 (1822) p. 404, tribus gen. Ulvae, Syst. Alg. II. (1824) p. 32.	Phyllona Hill, Hist. of plants (1751) reissue (1773) p. 79.
Rhodomelaceae	Rhodomela C. Ag., Spec. Alg. I., pars 2 (1822) p. 368.	Fuscaria Stackh. in Mém. soc. nat. Mosc. II. (1809) pp. 59, 93.
Rhodophyllidaceae	Rhodophyllis Kütz. in Bot. Zeit. (1847) p. 23.	Bifida Stackh. in Mém. soc. nat. Mosc. II. (1809) pp. 59, 97.
Rhodymeniaceae	Rhodymenia [Mont. in Ann. sc. nat. sér. 2, t. XII. (1839) p. 44] J. Ag.; Rhodomenia Grev., Alg. Brit. (1830) pp. XLVIII, 84.	Palmaria Stackh. in Mém. soc. nat. Mosc. II. (1809) pp. 54, 69.
Sphaerococcaceae	Sphaerococcus [Stackh., Ner. Brit. fasc. II. (1797) pp. XVI, XXIV] Grev., Alg. Brit. (1830) pp. LVII, 137.	Coronopifolia Stackh. in Mém. soc. nat. Mosc. II. (1809) pp. 57, 85.
Rhodomelaceae	Vidalia [Lamour., Dict. class. V. (1824) p. 387] J. Ag., Sp. gen. ord. Alg. II. (1863) p. 1117.	Euspiros Targ.-Tozzetti ex Bertoloni, Amoen. Ital. (1819) p. 291. Volubilaria [Lamour., Dict. class. V. (1824) p. 387] Bory, Dict. class. XVI. (1830) p. 650.

Nota. Nomina generica Codium Stackh. 1797 et Gigartina (Stackh.) J. Ag. valent, quia synonyma eorum Lamarckia Olivi 1792 et Mamillaria Stackh. ob homonyma Phanerogamas designantia inter nomina conservanda recepta (Lamarckia Moench 1794 et Mamillaria Haw. 1812) sunt rejicienda.

Familia	Nomen conservandum	Nomina rejicienda

Pteridophyta.

Selaginellaceae	Selaginella Beauv., Prodr. aeth. (1805) p. 101.	Selaginoides Boehm. in Ludwig, Def. gen. pl. (1760) p. 484. Lycopodioides Boehm. l. c. 485; O. Kuntze, Rev. gen. pl. II. (1891) 824. Stachygynandrum Beauv., Fl. d'Oware (1804) t. 7.

No.[1]	Fam.	Nomina conservanda	Nomina rejicienda

Phanerogamae (Siphonogamae).

No.[1]	Fam.	Nomina conservanda	Nomina rejicienda
7	Cycad.	Zamia L., Spec. pl. ed. 2. (1763) 1659.	Palmafilix Adans., Fam. II. (1763) 21.
13	Tax.	Podocarpus L'Hér. ex Pers., Synops. II. (1807) 580.	Nageia Gaertn., Fruct. I. (1788) 191 t. 39.
15	—	Phyllocladus L. C. Rich., Conif. (1826) 129 t. 3.	Podocarpus Labill., Nov. Holl. pl. spec. II. (1806) 71 t. 221.
20	Pinac.	Agathis Salisb. in Trans. Linn. Soc. VIII. (1807) 311.	Dammara [Rumph. Herb. amb. II. (1741) 174 t. 57] Lam., Encycl. II. (1786—88) 259.
31	—	Cunninghamia R. Br. in: L. C. Richard, Conif. (1826) 149 t. 18.	Belis Salisb. in: Trans. Linn. Soc. VIII. (1807) 315.
32	—	Sequoia Endl., Synops. Conif. (1847) 197.	Steinhauera Presl in: Sternberg, Fl. Vorwelt II. (1838) 202 t. 49 et 57; Post et O. K. Lexic. (1903) 533.
*48	Gnet.	Welwitschia Hook. f. in: Gardn. Chron. (1862) 71 et in Trans. Linn. Soc. XXIV. (1863) 6 t. 1—14.	Tumboa Welw. in: Journ. Linn. Soc. V. (1861) 185. Toumboa Naud. in: Rev. hortic. (1862) 186.
60	Potam.	Cymodocea Ch. Koenig in: Koenig et Sims, Ann. of Bot. II. (1805) 96 t. 7.	Phucagrostis major Cavolini, Phucagr. anthos. (1792) 13 t. 1 (Phycagrostis O. Ktze).
127	Gram.	Rottboellia L. f., Nov. gramin. gen. (1779) 19.	Manisuris L., Mant. II. (1771) 164 non Swartz 1788 (n. 128).
143	—	Tragus [Hall., Hist. stirp. Helvet. II. (1768) 203]. Scop., Introd. (1777) 73.	Nazia Adans., Fam. II. (1763) 31.

1) De hoc numero cf. De Dalla Torre et Harms, Gen. Siphonogam. — Numeri asterisco notati nomina generica anno 1910 a Congr. bot. intern. Brux. inserta designant.

No.	Fam.	Nomina conservanda	Nomina rejicienda
150	Gram.	Zoisia („Zoysia") Willd. in: Neue Schrift. Ges. naturf. Fr. Berlin III. (1801) 440.	Osterdamia Neck., Elem. III. (1791) 218.
194	—	Leersia Swartz, Prodr. veg. Ind. occ. (1788) 21.	Homalocenchrus Mieg in: Acta helvet. phys. math. etc. IV. (1760) 307.
201	—	Ehrharta Thunb. in: Vet. Akad. Handl. Stockholm. (1779) 216 t. 8.	Trochera L. C. Rich. in: Journ. de phys. XIII. (1779) 225 t. 3.
206	—	Hierochloe [J. G. Gmel., Fl. sibir. I. (1747) 1001] R. Br., Prodr. (1810) 208.	Savastana Schrank, Baier. Fl. I. (1789) 100 et 337.
			Torresia Ruiz et Pav., Fl. peruv. et chil. prodr. (1794) 125.
			Dissarrenum Labill., Nov. Holl. pl. spec. II. (1806) 82 t. 232.
221	—	Crypsis Ait., Hort. kew. I. (1789) 48.	Pallasia Scop., Introd. (1777) 72 non Houtt
228	—	Coleanthus Seidl in: Roemer et Schultes, Syst. II. (1817) 11 et 276.	Schmidtia Tratt., Fl. österr. Kaiserst. I. (1811) 12 t. 12.
269	—	Corynephorus Beauv., Agrost. (1812) 90.	Weingaertneria Bernh., Verz. Pfl. Erfurt. (1800) 23 et 51.
*272	—	Ventenata Koel., Descr. Gramin. Gall. et Germ. (1802) 272.	Heteranthus Borkh., Fl. d. Grafsch. Catzenelnbogen, in: Der Botaniker. Heft XVI—XVIII (1796) 71.
282	—	Cynodon L. C. Rich. in: Persoon, Synops. I. (1805) 85.	Capriola Adans., Fam. II. (1763) 31.
			Dactilon Vill., Hist. pl. Dauphiné II. (1789) 69.
			Fibichia Koel., Descr. gram. (1802) 308.
286	—	Ctenium Panz. in: Denkschr. Akad. München 1813. (1814) 288 t. 13.	Campulosus Desv. in: Nouv. Bull. Soc. philom. II. (1810) 189.
308	—	Buchloe Engelm. in: Trans. Acad. St. Louis I. (1859) 432.	Bulbilis Raf. in: Journ. de phys. LXXXIX (1819) 226.
			Calanthera Nutt. ex Hooker, Kew Journ. VIII. (1856) 12.
			Casiostega Rupr. ex Bentham, Pl. Hartweg. (1857) 347.
320	—	Echinaria Desf., Fl. atlant. II. (1798—1800) 385.	Panicastrella Moench., Meth. (1794) 205.
356	—	Diarrhena Beauv., Agrost. (1812) 142.	Corycarpus („Korycarpus") Zea in: Acta matrit. (1806).
			Diarina Raf. in: Med. Repos. New York V. (1808) 352.
358	—	Zeugites [P. Br., Hist. Jamaica (1756) 341] Schreb., Gen. II. (1791) 810.	Senites Adans., Fam. II. (1763) 39.
374	—	Lamarckia Moench, Meth. (1794) 201 non Olivi 1792 (Codium Stackh. 1797).	Achyrodes Boehm. in: Ludwig, Defin. gen. pl. (1760) 420.
383	—	Glyceria R. Br., Prodr. (1810) 179.	Panicularia Fabr., Enum. pl. Hort. helmstad. ed. 2. (1763) 373.
452	Cyper.	Lipocarpha R. Br. in: Tuckey, Congo. (1818) 459.	Hypaelyptum Vahl, Enum. II. (1806) 283.

No.	Fam.	Nomina conservanda	Nomina rejicienda
454	Cyper.	Ascolepis Nees ex Steudel, Synops. pl. Cyper. (1855) 105.	Platylepis Kunth, Enum. pl. II. (1837) 269.
465	—	Ficinia Schrad. in: Comment. goetting. VII. (1832) 143.	Melancranis Vahl, Enum. II. (1806) 239. Hypolepis Beauv. in: Lestiboudois, Essai fam. Cypér. (1819) 33.
*468 partim)	—	Schoenoplectus Palla in: Sitzb. zool.-bot. Ges. Wien, XXXVIII. (1888) 49.	Heleophylax Beauv. in: Lestiboudois, Essai fam. Cypér. (1819) 41. Hymenochaeta Beauv., ibid., 43. Pterolepis Schrad. in: Goetting. Gel. Anzeig. (1821) 2071. Elytrospermum C. A. Mey. in: Mém. Acad. St. Pétersbourg, sav. étr., I. (1831) 200. t. 2. Malacochaete Nees in: Linnaea, IX. (1834) 293.
471	—	Fimbristylis Vahl, Enum. II. (1806) 285.	Iria L. C. Rich. in: Persoon, Synops. I. (1805) 60. Iriha O. Ktze., Rev. gen. pl. II. (1891) 751.
492	—	Rhynchospora Vahl, Enum. II. (1806) 229.	Triodon L. C. Rich. in: Persoon, Synops. I. (1805) 60.
575	Palm.	Arenga Labill. in: Mém. Instit. France IV. (1803) 209.	Saguerus [Rumph., Herb. amb. I. (1741) t. 13] Adans., Fam. II. (1763) 24; Blume, Rumphia II. (1843) 124.
594	—	Chamaedorea Willd., Spec. pl. IV. (1806) 638 et 800.	Nunnezharia Ruiz et Pav., Fl. peruv. et chil. prodr. (1794) 147.
670	—	Desmoncus Mart., Hist. nat. Palm. II. (1823—50; 1824?) 84.	Atitara [Marcgr. ex Barrère, Essai hist. nat. France équin. (1741) 20] Juss. in: Dict. sc. nat. III. (1804) 277 [1]).
708	Arac.	Symplocarpus Salisb. ex Nuttall, Gen. Amer. I. (1818) 105.	Spathyema Raf. in: Med. Repos. New York V. (1808) 352.
*723	—	Amorphophallus Blume ex Decaisne, Herb. Timor. descr. (1835) 38.	Candarum Reichb. ex Schott in: Schott et Endlicher, Melet. (1832) 17.
739	—	Philodendron Schott in: Wien. Zeitschr. f. Kunst etc. III. (1829) 780.	Baursea Hoffmgg., Verz. Pflz. (1824) 42; Reichb., Consp. (1828) 44.
748	—	Zantedeschia Spreng., Syst. III. (1826) 765.	Aroides Heist. ex Fabricius, Enum. pl. Hort. helmstad. ed. 2. (1763) 42. Richardia Kunth in: Mém. Mus. Paris IV. (1818) 437 t. 20.
779	—	Helicodiceros Schott in: Oesterr. bot. Wochenbl. III. (1853) 369.	Megotigea Raf., Fl. Tellur. III. (1836) 64.
784	—	Biarum Schott in: Schott et Endlicher, Melet. (1832) 17.	Homaida („Homaid") Adans., Fam. II. (1763) 470.
*800	Rest.	Lyginia R. Brown, Prodr. (1810) 248.	Schoenodum Labill., Nov. Holl. pl. spec., II. (1806) 79. t. 229.

1) Nomen Marcgravei, pro genere Palmarum interdum recentiore tempore adhibitum. apud cl. Jussieu l. c. minime nomen est genericum sensu hodierno; auctor ipse de positione plantae a cl. Marcgrave descriptae incertus fuit.

No.	Fam.	Nomina conservanda	Nomina rejicienda
815	Rest.	Hypolaena R. Br., Prodr. (1810) 251.	Calorophus Labill., Nov. Holl. pl. spec. II. (1806) 78.
816	—	Hypodiscus Nees in: Lindley, Nat. Syst. ed. 2. (1836) 450.	Lepidanthus Nees in: Linnaea V. (1830) 665.
830	Erioc.	Paepalanthus Mart. in: Nova Acta Acad. nat. cur. XVII. 1. (1835) 13.	Dupatya Vell., Fl. flumin. (1825) 35.
861	Brom.	Aechmea Ruiz et Pav., Fl. peruv. et chil. prodr. (1794) 47.	Hoiriri Adans., Fam. II. (1763) 67 et 587.
878	—	Pitcairnia L'Hérit., Sert. angl. (1789) 7.	Hepetis Swartz, Prodr. veg. Ind. occ. (1788) 56.
891	—	Vriesea Lindl., Bot. Reg. (1843) t. 10.	Hexalepis Raf., Fl. Tellur. IV. (1836) 24.
904	Comm.	Cyanotis D. Don, Prodr. fl. nepal. (1825) 45.	Tonningia Neck., Elem. III. (1790) 165. Zygomenes Salisb. in: Trans. Hortic. Soc. I. (1812) 271.
909	—	Dichorisandra Mikan, Del. fl. et faun. brasil. (1820) t. 3.	Stickmannia Neck., Elem. III. (1790) 171.
910	—	Tinantia Scheidw. in: Otto et Dietrich, Allg. Gartenzeitg. VII. (1839) 365.	Pogomesia Raf., Fl. Tellur. III. (1836) 67.
921	—	Eichhornia Kunth, Enum. pl. IV. (1843) 129.	Piaropus Raf., Fl. Tellur. II. (1836) 81.
924	—	Heteranthera Ruiz et Pav., Fl. peruv. et chil. prodr. (1794) 4.	Phrynium Loefl., Iter hisp. (1758) 178, non Willd. 1797 (n. 1368).
937	Junc.	Luzula DC. in: Lamarck et De Candolle, Fl. franç. ed. 3. III. (1805) 158.	Juncoides [Moehr. ex] Adans., Fam. II. (1763) 47.
944	Lil.	Narthecium Juss., Gen. (1789) 47.	Abama Adans., Fam. II. (1763) 47.
955	—	Amianthium A. Gray in: Ann. Lyc. New York IV. (1837) 121.	Chrosperma Raf., Neogenyt. (1825) 3.
*967	—	Tricyrtis Wall., Tent. fl. napal. (1826) 61, t. 46.	Compsoa D. Don, Prodr. fl. nepal. (1825) 50.
*985	—	Bulbine Willd., Enum. pl. hort. berol. (1809) 362.	Phalangium Boehm. in: Ludwig, Defin. gen. pl. (1760) 362.
987	—	Simethis Kunth, Enum. pl. IV. (1843) 618.	Pubilaria Raf., Fl. Tellur. II. (1836) 27.
992	—	Thysanotus R. Br., Prodr. (1810) 282.	Chlamysporum Salisb., Parad. londin. (1808) t. 103.
1006	—	Schoenolirion Durand in: Journ. Acad. Nat. Sc. Philadelphia 2. Ser. III. (1855) 103.	Amblostima Raf., Fl. Tellur. II. (1836) 26. Oxytria Raf., ibid. 26.
1007	—	Chlorogalum Kunth, Enum. pl. IV. (1843) 681.	Laothoe Raf., Fl. Tellur. III. (1836) 53.
1008	—	Hosta Tratt., Arch. Gewächskunde I. (1812) 55.	Saussurea Salisb. in: Trans. Linn. Soc. VIII. (1807) 11, non DC. 1810.
1029	—	Haworthia Duval, Pl. succul. hort. alencon. (1809) 7.	Catevala Medik., Theodora. (1786) 67.
1046	—	Agapanthus L'Hérit., Sert. angl. (1788) 17.	Tulbaghia Heist., Descr. nov. gen. Brunsvig. (1753) p. X. Abumon Adans., Fam. II. (1763) 54. Mauhlia Dahl, Obs. bot. syst. Linné. (1787) 25.

11

No.	Fam.	Nomina conservanda	Nomina rejicienda
*1050	Lil.	Nothoscordum Kunth, Enum. pl., IV. (1843) 457.	Geboscon Rafin., Catal. (1824) 14. Periloba Rafin., Fl. Tellur., IV. (1836) 87. Pseudoscordum Herb., Amaryll. (1837) 11.
1053	—	Brodiaea Smith in: Trans. Linn. Soc. X. (1811) 2 t. 1.	Hookera Salisb., Parad. londin. (1808) t. 98.
1087	—	Camassia Lindl., Bot. Reg. XVIII. (1832) t. 1486.	Quamasia Raf. in: Amer. Monthly Magaz. II. (1818) 265. Cyanotris Raf., ibid. III. (1818) 356.
1088	—	Eucomis L'Hérit., Sert. angl. (1788) 17.	Basilaea Juss. ex Lamarck, Encycl. I. (1783) 382.
1108	—	Cordyline Comm. ex Juss., Gen. (1789) 41.	Terminalis Rumph., Herb. amb. IV. (1744) 79 et VII. (1755) 40; O. Ktze., Rev. gen. II. (1891) 716.
1110	—	Sansevieria Thunb., Prodr. pl. capens. (1794) 65.	Acyntha Medik., Theodora. (1786) 76.
1111	—	Astelia Banks et Sol. ex R. Brown, Prodr. (1810) 291.	Funckia Willd., Magaz. Ges. naturf. Fr. Berlin II. (1808) 19.
1118	—	Smilacina Desf. in: Ann. Mus. Paris IX. (1807) 51.	Vagnera Adans., Fam. II. (1763) 496 (Wagnera O. Ktze.). Tovaria Neck., Elem. II. (1790) 190.
1119	—	Majanthemum Web. in: Wiggers, Prim. fl. holsat. (1780) 14.	Polygonastrum Moench, Meth. (1794) 637. Unifolium [Moehr., Hort. priv. (1736) 101] Adans., Fam. II. (1763) 54. Valentinia Heist. ex Fabricius, Enum. pl. Hort. helmstad. ed. 2. (1763) 37.
1129	—	Reineckea Kunth in: Abh. Akad. Berlin 1842. (1844) 29.	Sanseviella Reichb., Consp. (1828) 44.
1146	—	Luzuriaga Ruiz et Pav., Fl. peruv. et chil. III. (1802) 65.	Enargea Banks ex Gaertner, Fruct. I. (1788) 283. Callixene Juss., Gen. (1789) 41.
1161	Haem.	Lachnanthes Ell., Sketch Bot. South Carol. I. (1816) 47.	Heritiera J. F. Gmel., Syst. II. (1791) 113. Gyrotheca Salisb. in: Trans. Hortic. Soc. I. (1812) 329.
1175	Amaryll.	Nerine Herb. in: Bot. Magaz. (1820) t. 2124.	Imhofia Heist., Descr. nov. gen. Brunsvig. (1753) p. XX.
1211	—	Urceolina Reichb., Consp. (1828) 61.	Leperiza Herb., App. Bot. Reg. (1821) 41. (Lepirhiza O. Ktze.) Urceolaria Herb., ibid. 28.
*1248	Tacc.	Tacca Forst., Char. gen. (1776) 69, t. 35.	Leontopetaloides Boehm. in: Ludwig, Defin. gen. pl. (1760) 512.
1261	Irid.	Romulea Maratti, Diss. Romul. (1772) 13.	Ilmu Adans., Fam. II. (1763) 497.
1283	—	Libertia Spreng., Syst. I. (1825) 127.	Tekel Adans., Fam. II. (1763) 497.
1284	—	Bobartia Salisb. in: Trans. Hortic. Soc. I. (1812) 313.	Hecaste Soland. ex Schumacher in: Skrift. naturk. Selsk. III. (1793) 10.
1285	—	Belamcanda Adans., Fam. II. (1763) 60.	Gemmingia Heist. in: Fabricius, Enum. pl. Hort. helmstad. ed. 2. (1763) 27.
1289	—	Patersonia R. Br., Prodr. (1810) 303.	Genosiris Labill., Nov. Holl. pl. spec. I. (1804) 13.

No.	Fam.	Nomina conservanda	Nomina rejicienda
1292	Irid.	Eleutherine Herb. in: Bot. Reg. (1843) t. 57.	Galatea Salisb. in: Trans. Hortic. Soc. I. (1812) 310.
*1315	—	Watsonia Mill., Gard. Dict.. ed. 7. (1759).	Meriana Trew, Pl. select. pinx. Ehret (1754) 11, t. 40.
1321	Mus.	Heliconia L., Mant. II. (1771) 147.	Bihai Adans., Fam. II. (1763) 67.
1360	Zingib.	Tapeinochilus Miq. in: Ann. Mus. lugd. batav. IV. (1868) 101.	Tubutubu Rumph., Herb. amb. auctuar. (1755) 52 t. 22.
1368	Marant.	Phrynium Willd., Spec. pl. I. (1797) 17.	Phyllodes Lour., Fl. cochinch. (1790) 13.
1410	Orchid.	Platanthera L. C. Rich. in: Mém. Mus. Paris IV. (1818) 48.	Lysias Salisb. in: Trans. Hortic. Soc. I. (1812) 288.
*1449	—	Pterostylis R. Brown in: Prodr. (1810) 326.	Diplodium Swartz in: Magaz. Ges. naturf. Fr. Berlin, IV. 84 (initio 1810).
1468	—	Nervilia Comm. ex Gaudichaud in: Bot. Voy. Freycinet. (1826) 422.	Stellorkis Thou. in: Nouv. Bull. Soc. philom. Paris I. (1809) 317, Hist. pl. Orchid. (1822) t. 24.
1490	—	Spiranthes L. C. Rich. in: Mém. Mus. Paris IV. (1818) 50.	Gyrostachis Pers., Synops. II. (1807) 511. Ibidium Salisb. in: Trans. Hort. Soc. I. (1812) 291.
1494	—	Listera R. Br. in: Aiton, Hort. kew. ed. 2. V. (1813) 201.	Diphryllum Raf. in: Med. Repos. New York V. (1808) 356.
1495	—	Neottia Swartz in: Vet. Akad. Nya Handl. XXI. (1800) 224.	Nidus Riv., Icon. pl. fl. irreg. hexapet. (1760) t. 7.
1516	—	Platylepis A. Rich. in: Mém. Soc. hist. nat. Paris IV. (1828) 34.	Erporkis Thou. in: Nouv. Bull. Soc. philom. Paris I. (1809) 317, Hist. pl. Orchid. (1822) (Herporchis O. Ktze.).
1534	—	Calopogon R. Br. in: Aiton, Hort. kew. ed. 2. V. (1813) 204.	Cathea Salisb. in: Trans. Hortic. Soc. I. (1812) 300.
1556	—	Liparis L. C. Rich. in: Mém. Mus. Paris IV. (1818) 43.	Leptorkis Thou. in: Nouv. Bull. Soc. philom. Paris I. (1809) 319, Hist. pl. Orchid. (1822).
1558	—	Oberonia Lindl. Gen. and Spec. Orchid. Pl. (1830) 15.	Iridorkis Thou. in: Nouv. Bull. Soc. philom. Paris I. (1809) 319. Iridorchis Thou., Hist. pl. Orchid. (1822).
1565	—	Polystachya Hook., Exot. Fl. (1825) t. 103.	Dendrorkis Thou. in: Nouv. Bull. Soc. philom. Paris I. (1809) 318. Dendrorchis Thou., Hist. pl. Orchid. (1822).
1587	—	Stelis Swartz in: Schrader, Journ. II. (1799) 239 et in: Vet. Akad. Nya Handl. XXI. (1800) 248.	Humboldtia Ruiz et Pav., Fl. peruv. et chil. prodr. (1794) 121, non Vahl 1794 (n. 3518).
1631	—	Calanthe R. Br. in: Bot. Reg. (1821) sub t. 573.	Alismorkis Thou. in: Nouv. Bull. Soc. philom. Paris I. (1809) 318. Alismorchis Thou., Hist. pl. Orchid. (1822).
1648	—	Eulophia R. Br. in: Bot. Reg. (1823) t. 686.	Graphorkis Thou. in: Nouv. Bull. Soc. philom. Paris I. (1809) 318. Graphorchis Thou., Hist. pl. Orchid. (1822).

11*

No.	Fam.	Nomina conservanda	Nomina rejicienda
1694	Orchid.	Dendrobium Swartz in: Nova Acta upsal. VI. (1799) 82 et in: Vet. Akad. Nya Handl. XXI. (1800) 244.	Callista Lour., Fl. cochinch. (1790) 519. Ceraia Lour., ibid. 518.
1697	—	Eria Lindl., Bot. Reg. (1825, VIII) t. 904.	Pinalia Buch. Ham. ex D. Don., Prodr. fl. nepal. (1825, II) 31.
1705	—	Bulbophyllum Thou., Hist. pl. Orchid. (1822). Tabl. des espéc. III.	Phyllorkis Thou. in: Nouv. Bull. Soc. philom. Paris I. (1809) 319. Phyllorchis Thou. (1822).
1822	—	Saccolabium Blume, Bijdr. (1825) 292.	Gastrochilus D. Don, Prodr. fl. nepal. (1825) 32.
1834	—	Oeonia Lindl., Bot. Reg. (1824) t. 817.	Epidorkis Thou. in: Nouv. Bull. Soc. philom. Paris I. (1809) 318. Epidorchis Thou. (1822).
1822	Jugland.	Carya Nutt., Gen. Amer. II. (1818) 220.	Scoria Raf. in: Med. Repos. New York V. (1808) 352. Hicorius Raf. in: Fl. ludov. (1817) 109. Hicoria Raf., Alsogr. amer. (1838) 65.
1901	Ulm.	Zelkova Spach in: Ann. sc. nat. 2 sér. XV. (1841) 356.	Abelicea Reichb., Consp. (1828) 84.
1917	Morac.	Trophis JP. Br., Hist. Jamaica (1756) 357] L., Syst. ed. 10. (1759) 1289.	Bucephalon L., Spec. pl. ed. 1. (1753) 1190.
1918	—	Maclura Nutt., Gen. Amer. II. (1818) 233.	Joxylon Raf. in: Amer. Monthly Magaz. (1817) 118, (1818) 188. Toxylon Raf., Journ. de phys. (1819) 260.
1956	—	Antiaris Leschen. in: Ann. Mus. Paris XVI. (1810) 478.	Ipo Pers., Synops. (1807) 566.
1957	—	Brosimum Swartz, Prodr. veg. Ind. occ. (1788) 12.	Alicastrum P. Br., Hist. Jamaica. (1756) 372; Adans., Fam. II. (1763) 510. Piratinera Aubl., Hist. pl. Gui. franç. II. (1775) 888.
1971	—	Cecropia L. in: Loefling, Iter hisp. (1758) 272.	Coilotapalus P. Br., Hist. Jamaica. (1756) 111.
1980	Urtic.	Laportea Gaudich. in: Bot. Voy. Freycinet (1826) 498.	Urticastrum Fabr., Enum. pl. Hort. helmstad. (1759) 204; O. Ktze., Rev. gen. II. (1891) 634.
1984	—	Pilea Lindl., Collect. bot. (1821) t. 4.	Adicea Raf., Analyse de la nature. (1815) 179.
2023	Prot.	Persoonia Smith in: Trans. Linn. Soc. IV. (1798) 215.	Linkia Cav., Icon. IV. (1797) 61 t. 389.
2026	—	Isopogon R. Br. ex Knight, Proteac. (1809) 93 et in: Trans. Linn. Soc. X (1810) 71.	Atylus Salisb., Paradis. londin. (1807) t. 67 pp.
2028	—	Sorocephalus R. Br. in: Trans. Linn. Soc. X. (1810) 139.	Soranthe Salisb. in: Knight, Proteac. (1809) 71.
2035	—	Protea R. Br. in: Trans. Linn. Soc. X. (1810) 74.	Leucadendron L., Spec. pl. ed. 1. (1753) 91 pp. Lepidocarpus Adans., Fam. II. (1763) 284. Gaguedi Bruce, Trav. V. (1790) 52.

No.	Fam.	Nomina conservanda	Nomina rejicienda
2035	Prot.	Protea R. Br. in: Trans. Linn. Soc. X. (1810) 74.	? Vionaea Neck., Elèm. I. (1790) 107. Erodendrum Salisb., Parad. (1807) t. 67. Pleuranthe Salisb. in: Knight, Proteac. (1809) 49.
2036	—	Leucospermum R. Br. in: Trans. Linn. Soc. X. (1810) 95.	Leucadendron L., Spec. pl. ed. 1. (1753) 91 pp. Leucadendrum Salisb., Parad. londin. (1807) t. 67.
2037	—	Leucadendron Berg. in: Vet. Akad. Handl. Stockholm XVII. (1766) 325 p. p.; R. Br. in: Trans. Linn. Soc. X. (1810) 50.	Protea L., Gen. ed. 2. (1742) 38; Spec. pl. ed. 1. (1753) 94; ed. 5. (1754) 41.
2062	—	Telopea R. Br. in: Trans. Linn. Soc. X. (1810) 197.	Hylogyne Salisb. in: Knight, Proteac. (1809) 126.
2063	—	Lomatia R. Br. in: Trans. Linn. Soc. X. (1810) 199.	Tricondylus Salisb. in: Knight, Proteac. (1809) 121.
2064	—	Knightia R. Br. in: Trans. Linn. Soc. X. (1810) 193.	Rymandra Salisb. in: Knight, Proteac. (1809) 124.
2066	—	Stenocarpus B. Br. in: Trans. Linn. Soc. X. (1810) 201.	Cybele Salisb. in: Knight, Proteac. (1809) 123.
2069	—	Dryandra R. Br. in: Trans. Linn. Soc. X. (1810) 211 t. 3.	Josephia Salisb. in: Knight, Proteac. (1809) 110.
2091	Loranth.	Arceuthobium Marsch.-Bieb., Fl. taur. cauc. Suppl. (1819) 629.	Razoumowskia Hoffm., Hort. Mosq. (1808) n. 1. f. 1.
2097	Santal.	Exocarpus Labill., Voy. I. (1798) 155 t. 14.	Xylophyllos Rumph., Herb. amb. VII. (1755) 19 t. 12; O. Ktze., Rev. gen. II. (1891) 589. Xylophylla L., Mant. II. (1771) 147 pp.
2103	—	Scleropyrum Arn. in: Magaz. Zool. and Bot. II. (1838) 549.	Heydia Dennst., Schluess. Hort. malab. (1818) 30.
2109	—	Buckleya Torr. in: Amer. Journ. Sc. XLV. (1843) 170.	Nestronia Raf., New Fl. Amer. III. (1836) 12.
2124	Opil.	Cansjera Juss., Gen. (1789) 448.	Tsjerucaniram Adans., Fam. II. (1763) 80.
2163	Balanoph.	Helosis L. C. Rich. in: Mém. Mus. Paris VIII. (1822) 416 t. 20.	Caldasia Mutis ex Caldas in: Semanario Nuev. Gran. II. (1810) 26.
2180	Raffles.	Cytinus L., Gen. ed. 6. (1764) 567.	Hypocistis Adans., Fam. II. (1763) 76.
2194	Polygon.	Emex Neck., Elem. II. (1790) 214.	Vibo Medik., Phil. Bot. I. (1789) 178.
2202	—	Fagopyrum [Tourn. ex] Moench, Meth. (1794) 290.	Helxine L., Spec. pl. ed. 1. (1753) 363 pp. (sect. Polygoni).
2261	Chenop.	Suaeda Forsk., Fl. aegypt. arab. (1775) 69 t. 18.	Dondia Adans., Fam. II. (1763) 261. Lerchea [Hall., Hort. goetting. (1743) 21] Rueling, Ordin. pl. (1774) 45.
2297	Amarant.	Chamissoa H. B. K., Nov. gen. et. spec. II. (1817) 158 t. 125.	Kokera Adans., Fam. II. (1763) 269.
*2314	—	Pupalia Juss. in: Ann. Mus. Paris. II. (1803) 132.	Pupal Adans., Fam. II. (1763) 268. Cadelari Medik., Geschl. Malvenfam. (1787) 92. Syama Jones in: Asiat. Research. IV. (1795) 261.

No.	Fam.	Nomina conservanda	Nomina rejicienda
2317	Amarant.	Aerva Forsk., Fl. aegypt. arab. (1775) 170.	Ouret Adans., Fam. II. (1763) 268. Uretia O. Ktze., Rev. gen. II. (1891) 544.
2339	—	Iresine [P. Br., Hist. Jamaica (1756) 358] L., Syst. ed. 10. (1759) 1291.	Cruzeta Loefl., Iter hisp. (1758) 203.
2348	Nyctag.	Allionia L., Syst. ed. 10. (1759) 890.	Wedelia Loefl., Iter hisp. (1758) 180, non Jacq. 1760 (n. 9192).
2407	Portulac.	Calandrinia H. B. K., Nov. gen. et spec. VI. (1823) 77 t. 526.	Cosmia Domb. ex Jussieu, Gen. (1789) 312. Baitaria Ruiz et Pav., Fl. peruv. et chil. prodr. (1794) 63 t. 36.
2450	Caryo- phyll.	Spergularia J. et C. Presl, Fl. cech. (1819) 94.	Buda Adans., Fam. II. (1763) 507. Tissa Adans., ibid. 507.
*2455 (partim)	—	Polycarpaea Lam. in: Joun. hist. nat. Paris. II. (1792) 8 t. 25.	Polia Lour., Fl. cochinch. (1790) 164.
2477	—	Siphonychia Torr. et A. Gray, Fl. North Amer. I. (1838) 173.	Buinalis Raf., New Fl. Amer. IV. (1836) 40.
2528	Ranunc.	Eranthis Salisb. in: Trans. Linn. Soc. VIII. (1807) 303.	Cammarum Hill, British Herbal. (1756) 47 t. 7. Helleboroides Adans., Fam. II. (1763) 458.
*2566 (partim)	Berber.	Mahonia Nutt., Gen. amer., I. (1818) 211.	Odostemon Rafin. in: Amer. Monthly Magaz. (1817) 192.
2570	Menisp.	Cocculus DC., Syst. I. (1818) 515.	Cebatha Forsk., Fl. aegypt. arab. (1775) 172. Leaeba Forsk., ibid. 172. Epibateriun Forsk., Char. gen. (1776) 107. Nephroia Lour., Fl. cochinch. (1790) 565. Baumgartia Moench, Meth. (1794) 650. Androphylax Wendl., Bot. Beob. (1798) 37. Wendlandia Willd., Spec. II. (1799) 275.
2663	Calycanth.	Calycanthus L., Syst. ed. 10. (1759) 1066.	Beurreria Ehret, Pl. et papil. rar. (1755) t. 13. Butneria Duhamel, Arb. II. (1755) 113 t. 45, non Loefl. 1758 Buettneria (n. 5062). Basteria Mill., Gard. Dict. ed. 7. (1759).
*2679	Anon.	Guatteria Ruiz et Pav., Fl. peruv. et chil. prodr. (1794) 85 t. 17.	Cananga Aubl., Hist. pl. Gui. franç., I. (1775) 607, t. 244.
2680	—	Duguetia A. St.- Hil., Fl. Brasil. merid. I. (1825) 35 t. 7.	Aberemoa Aubl., Hist. pl. Gui. franç. I. (1775) t. 245.
2717	—	Xylopia L., Syst. ed. 10. (1759) 1250.	Xylopicrum P. Br., Hist. Jamaica (1756) 250.
2750	Myrist.	Myristica [L., Gen. ed. 2. (1742) 524] Rottb. in: Act. Univ. Hafn. (1778) 281; L. f., Suppl. (1781) 40.	Comacum Adans., Fam. II. (1763) 345. Aruana Burm. f., Ind. alt. (1769) (Sign. G. verso).
2775	Monim.	Laurelia Juss. in: Ann. Mus. Paris XIV. (1809) 134.	Pavonia Ruiz et Pav., Fl. peruv. et chil. prodr. (1794) 127 t. 28.
*2783	Laur.	Persea Gaertn. f., Fruct. III. (1805) 222 t. 221.	Farnesia Heist. in: Fabricius, Enum. pl. horti helmstad. ed. 2. (1763).

No.	Fam.	Nomina conservanda	Nomina rejicienda
2793	Laur.	Eusideroxylon Teysm. et Binn. in: Tijdschr. Nederl. Indie XXV. (1863) 292.	Salgada Blanco, Fl. Philip. ed. 2. (1845) 221.
2798	—	Litsea Lam., Encycl. III. (1789) 574.	Malapoenna Adans., Fam. II. (1763) 447. Glabraria L., Mant. II. (1771) 156. Tomex Thunb., Nov. gen. pl. III. (1783) 65.
2856	Papav.	Dicentra Bernh. in: Linnaea VIII. (1833) 457, 468.	Capnorchis Borckh. in: Roemer, Arch. I. 2. (1797) 46. Bikukulla Adans., Fam. II. (1763) 23. Diclytra Borckh. in: Roemer, Arch. I. 2. (1797) 46. Dielytra Cham. et Schlechtd. in: Linnaea I. (1826) 556. Dactylicapnos Wall., Tent. fl. napal. (1826) 51.
*2857	—	Adlumia Rafin. in: Med. Repos. New York, V. (1808) 352.	Bicuculla Borckh. in: Roemer, Arch. I. 2. (1797) 46.
2858	—	Corydalis Medik., Phil. Bot. I. (1789) 96; Vent., Choix (1803) 19.	Capnoides Adans., Fam. II. (1763) 431. Cisticapnos Adans., ibid. 431. Neckeria Scop., Introd. (1777) 313. Pseudofumaria Medik., Phil. Bot. I. (1789) 110.
*2965	Crucif.	Nasturtium R. Brown in: Aiton, Hort. kew., ed. 2., IV. (1812) 109.	Cardaminum Moench, Meth. (1794) 262. Baeumerta Gaertn., Mey. et Scherb., Fl. Wett., II. (1800) 419 et 467.
2986	—	Capsella Medik., Pflanzengatt. (1792) 85.	Bursa [Siegesb.] Weber in: Wiggers, Prim. fl. holsat. (1780) 47. Marsypocarpus Neck., Elem. III. (1790) 91.
2989 (partim)	—	Erophila DC., Syst. II. (1821) 356.	Gansblum Adans., Fam. II. (1763) 420.
*2997	—	Descurainia Webb et Berthel., Hist. nat. iles Canar., III., P. 2. (1836 usque 1850) Sect. IV., 72.	Sophia Adans., Fam. II. (1763) 417. Hugueninia Reichb., Fl. germ. exc. 691 (1832).
*3013	—	Lobularia Desv. in: Journ. de bot., III (1814) 162.	Konig Adans., Fam. II. (1763) 420.
3032	—	Malcolmia R. Br. in: Aiton, Hort. kew. ed. 2. IV. (1812) 121.	Wilckia Scop., Introd. (1777) 317.
3038	—	Euclidium R. Br. in: Aiton, Hort. kew. ed. 2. IV. (1812) 74.	Soria Adans., Fam. II. (1763) 421. Hierochontis Medik., Pflanzengatt. (1792) 51.
3087	Cappar.	Gynandropsis DC., Prodr. I. (1824) 237.	Pedicellaria Schrank in: Roemer et Usteri Magaz. III. (1790) 10.
3103	—	Steriphoma Spreng., Syst. IV. cur. post. (1827) 130.	Hermupoa Loefl., Iter hisp. (1758) 307.

No.	Fam.	Nomina conservanda	Nomina rejicienda
3122	Resed.	Caylusea A. St. Hil., 2. Mém. Resedac. (1837) 29.	Hexastylis Raf., Fl. Tellur. III. (1836) 73. Stylexia Raf., ibid. IV. (1836) 121.
3126	—	Oligomeris Cambess. in: Jacquemont, Voy. dans l'Inde Bot. (1841—44) 23 t. 25.	Dipetalia Raf., Fl. Tellur. III. (1836) 73. Ellimia Nutt. ex Torrey et Gray, Fl. North Amer. I. (1838) 125.
3187	Saxifrag.	Suksdorfia A. Gray in: Proc. Amer. Acad. XV. (1880) 41.	Hemieva Raf., Fl. Tellur. II. (1836) 70.
3196	—	Tolmiea Torr. et A. Gray, Fl. North Amer. I. (1840) 582.	Leptaxis Raf., F. Tellur II. (1836) 75.
3276	Cunon.	Weinmannia L., Syst. ed. 10. (1759) 1005.	Windmannia P. Br., Hist. Jamaica (1756) 212; Adans., Fam. II. (1763) 343.
3286	Bruniac.	Lonchostoma Wikstr. in: Vet. Acad. Handl. Stockholm (1818) 350 t. 10.	Ptyxostoma Vahl in: Skrivt. naturh. Selsk. Kjoebenhavn VI. (1810) 95.
3316	Rosac.	Physocarpus Maxim. in: Acta Horti petropol. VI. (1879) 219. [Physocarpa Raf., New Fl. Amer. III. (1836) 73].	Opulaster Medik., Beitr. Pflz. Anat. (1799) 109.
3323	—	Sorbaria A. Br. ex Ascherson, Fl. Prov. Brandenburg I. (1864) 177.	Basilima Raf., New Fl. Amer. III. (1836) 75. Schizonotus Lindl. in: Wallich, Numer. List. (1829) n. 703.
3332	—	Holodiscus Maxim. in: Acta Horti petropol. VI. (1879) 253.	Schizonotus Raf., New Fl. III. (1836) 75.
3339	—	Rhaphiolepis Lindl. in: Bot. Reg. VI. (1820) t. 468.	Opa Lour., Fl. cochinch. (1790) 308.
*3441	Legum.	Pithecolobium Mart. in: Flora, XX. (1837), P. 2. Beibl. 114.	Zygia Boehm. in: Ludwig., Defin. gen. pl. (1760) 72.
3444	—	Calliandra Benth. in: Hooker, Journ. of Bot. II. (1840) 138.	Anneslia Salisb., Parad. londin. (1807) t. 64.
3450	—	Desmanthus Willd., Spec. pl. IV. 2. (1806) 1044.	Acuan Medik., Theodora (1786) 62.
*3468	—	Entada Adans., Fam. II. (1763) 318.	Gigalobium Boehm. in: Ludwig, Defin. gen. pl. (1760) 465.
3490	—	Copaifera L., Spec. pl. ed. 2. (1762) 557.	Copaiva Jacq., Enum. pl. Carib. (1760) 4. (Copaiba auct.)
3495	—	Crudia Schreb., Gen. I. (1789) 282.	Apalatoa Aubl., Hist. pl. Gui. franç. I. (1775) 382. Touchiroa Aubl., ibid. 384. Waldschmidtia Scop., Introd. (1777) 100.
3506	—	Schotia Jacq., Collect. I. (1786) 93.	Theodora Medik., Theodora (1786) 16.
3517	—	Macrolobium Schreb., Gen. I. (1789) 30.	Vouapa Aubl., Hist. pl. Gui. franç. I. (1775) 25. Outea Aubl., ibid. 28. Kruegeria Scop., Introd. (1777) 314.
3518	—	Humboldtia Vahl, Symb. bot. III. (1794) 106.	Batschia Vahl, Symb. bot. III. (1794) 39.
3524	—	Brownea Jacq., Enum. pl. Carib. (1760) 6.	Hermesias Loefl., Iter hisp. (1758) 278.

No.	Fam.	Nomina conservanda	Nomina rejicienda
3553	Legum.	Pterolobium R. Br. in: Salt, Abyss. (1814) App. 64.	Cantuffa J. F. Gmel., Syst. II. (1791) 677.
3561	—	Peltophorum Walp., Rep. I. (1842) 811.	Baryxylum Lour., Fl. cochinch. (1790) 266.
3574	—	Swartzia Schreb., Gen. II. (1791) 518.	Tounatea Aubl., Hist. pl. Gui. franc. I. (1775) 549. Possira Aubl., ibid. II. 934. Hoelzelia Neck., Elem. III. (1790) 62.
3584	—	Myroxylon L. f., Suppl. (1781) 34.	Toluifera L., Spec. pl. ed. I. (1753) 384.
3597	—	Ormosia Jack in: Trans. Linn. Soc. X. (1811) 360.	Toulichiba Adans., Fam. II. (1763) 326.
3621	—	Podalyria Lam., Illustr. II. (1793) 454 t. 327 f. 3, 4.	Aphora Neck., Elem. III. (1790) 50.
3624	—	Oxylobium Andrews, Bot. Repos. (1809) t. 492.	Callistachys Vent., Jard. Malmaison (1803) t. 115.
3673	—	Argyrolobium Eckl. et Zeyh., Enum. (1836) 184.	Tephrothamnus Sweet, Hort. brit. ed. 2. (1830) 126. Lotophyllus Link, Handb. II. (1831) 156. Chasmone E. Mey., Comment. pl. Afr. austr. (1835) 71.
3693	—	Hymenocarpos Savi, Fl. pisana II. (1798) 205.	Circinus Medik., Phil. Bot. I. (1789) 209.
3694	—	Securigera DC. in: Lamarck et De Candolle, Fl. franç. ed. 3. IV. (1805) 609.	Securidaca [Tourn. ex] Mill., Gard. Dict. ed. 6. (1752). Bonaveria Scop. Introd. (1777) 310. Securina Medik., Vorles. II. (1787) 368.
3699	—	Tetragonolobus Scop., Fl. carn. ed. 2. II. (1772) 87.	Scandalida Adans., Fam. II. (1763) 326.
3708	—	Eysenhardtia H. B. K., Nov. gen. et spec. VI. (1823) 489 t. 592.	Viborquia Ortega, Nov. pl. descr. decad. (1798) 66 t. 9. [Wiborgia O. Ktze., Rev. gen. I. (1891) 213.]
3710	—	Petalostemon Michx., Fl. bor. amer. II. (1803) 48 t. 37.	Kuhnistera Lam., Encycl. III. (1789) 370.
3718	—	Tephrosia Pers., Synops. II. (1807) 328.	Cracca L. [Fl. zeyl. (1747) 139] Spec. pl. ed. 1. (1753) 752, non Benth. 1853 (n. 3745). Colinil Adans., Fam. II. (1763) 327. Needhamia Scop., Introd. (1777) 310.
3722	—	Wistaria Nutt., Gen. Am. II. (1818) 115.	Kraunhia Raf. in: Med. Repos. New York V. (1808) 352. Diplonyx Raf., ibid. 108. Thyrsanthus Ell. in: Journ. Acad. Philadelphia I. (1817) 371.
*3747	—	Sesbania Scop., Introd. (1777) 308.	Sesban Adans., Fam. II. (1763) 327. Agati Adans., ibid. 326.
3753	—	Clianthus Banks et Soland. ex G. Don, Gen. Hist. II. (1832) 468.	Donia G. Don, Gen. Hist. II. (1832) 467.

12

No.	Fam.	Nomina conservanda	Nomina conservanda
3767	Legum.	Oxytropis DC., Astragal. (1802) 24 et 66.	Spiesia Neck., Elem. III. (1790) 13.
3792	—	Ormocarpum Beauv., Fl. d'Oware I. (1804) 95 t. 58.	Diphaca Lour., Fl. cochinch. (1790) 453.
3796	—	Smithia Ait., Hort. kew. III. (1789) 496 t. 13.	Damapana Adans., Fam. II. (1763) 323.
3800	—	Adesmia DC. in: Ann. sc. nat. IV. (1825) 94.	Patagonium Schrank in: Denkschr. Akad. München (1808) 93.
3807	—	Desmodium Desv., Journ. de bot. I. (1813) 122 t. 5.	Meibomia Adans., Fam. II. (1763) 509. Pleurolobus J. St. Hil. in: Nouv. Bull. Soc. philom. III. (1812) 192.
3810	—	Alysicarpus Neck., Elem. III. (1790) 15.	Fabricia Scop., Introd. (1777) 307.
3821	—	Dalbergia L. f., Suppl. (1781) 52.	Amerimnon P. Br., Hist. Jamaica (1756) 288. Ecastaphyllum P. Br., ibid. 299. ? Acouroa Aubl., Hist. pl. Gui. franç. (1775) 753.
3834	—	Lonchocarpus H. B. K., Nov. gen. et spec. VI. (1823) 383.	Clompanus Aubl., Hist. pl. Gui. franç. II. (1775) 773. Robina Aubl., ibid. 768.
3836	—	Pongamia Vent., Jard. Malmaison (1803) 28.	Galedupa Lam., Encycl. II. (1786) 594. (quoad descr.).
3837	—	Muellera L. f., Suppl. (1781) 53.	Coublandia Aubl., Hist. pl. Gui. franç. II. (1775) 937 t. 356.
3838	—	Derris Lour., Fl. cochinch. (1790) 432.	Salken Adans., Fam. II. (1763) 322. Solori Adans., ibid. 327[1]). Deguelia Aubl., Hist. pl. Gui. franc. (1775) 750 t. 300. Cylizoma Neck., Elem. III. (1790) 33.
3839	—	Piscidia L., Syst. ed. 10. (1759) 1155.	Ichthyomethia P. Br., Hist. Jamaica (1756) 276; O. Ktze., Rev. gen. I. (1891) 191. Piscipula Loefl., Iter hisp. (1758) 275.
3841	—	Andira Lam., Encycl. I. (1783) 171.	Vouacapoua Aubl., Hist. pl. Gui. franç. Suppl. (1775) 9 t. 373. (Vuacapua O. Ktze.)
3845	—	Dipteryx Schreb., Gen. II. (1791) 485.	Coumarouna Aubl., Hist. pl. Gui. franç. I. (1775) 740 t. 296. Taralea Aubl., ibid. 745 t. 298. Heinzia Scop., Introd. (1777) 301. Bolducia Neck., Elem. III. (1790) 32.
3858	—	Centrosema Benth. in: Ann. Wien. Mus. II. (1838) 117.	Bradburya Raf., Fl. ludov. (1817) 104. Vexillaria Hoffmgg., Verz. Pflz. (1824) 119.
3860	—	Amphicarpaea Ell. in: Journ. Acad. Philadelphia I. (1818) 372.	Falcata J. F. Gmel., Syst. II. (1791) 1131. Savia Raf. in: Med. Repos. New York V. (1808) 352.

1) Genera Salken et Solori Adans. prius erronee pro synonymis generis Dalbergiae (n. 3821) habita ad n. 3838 (Derris) pertinent (cf. Prain in: Ann. Bot. Gard. Calcutta X. 1. [1904] 10).

No.	Fam.	Nomina conservanda	Nomina rejicienda
3868	Legum.	Kennedya Vent., Jard. Malmaison II. (1804) 104.	Caulinia Moench, Meth. Suppl. (1802) 47.
3876	—	Butea Koenig ex Roxburgh, Pl. Coromandel I. (1795) 22 t. 21.	Plaso Adans., Fam. II. (1763) 325.
3877	—	Mucuna Adans., Fam. II. (1763) 325.	Zoophthalmum P. Br., Hist. Jamaica (1756) 295 t. 31. Stizolobium P. Br., Hist. Jamaica (1756) 290.
*3891	—	Canavalia De Candolle, Mém. Légum. (1825) 375.	Canavali Adans., Fam. II. (1763) 325. Clementea Cav. in: Anal. cienc. nat. VII. (1804) 63. t. 47.
*3892	—	Cajanus De Candolle, Catal. horti bot. monspel. (1813) 85.	Cajan Adans., Fam. II. (1763) 326.
3897	—	Rhynchosia Lour., Fl. cochinch. (1790) 400.	Dolicholus Medik. in: Vorles. churpf. phys. Ges. II. (1787) 354.
3908	—	Pachyrrhizus Rich. ex De Candolle, Mém. Légum. (1825) 379.	Cacara (Rumph. ex) Thou. in: Dict. sc. nat. V. (1805) 35.
3914	—	Psophocarpus Neck., Elem. III.(1790)45.	Botor Adans., Fam. II. (1763) 326.
3980	Zygoph.	Balanites Delile, Fl. d'Egypte (1813) 221 t. 28 f. 1.	Agialid Adans., Fam. II. (1763) 508.
4035	Rutac.	Calodendrum Thunb., Nov. gen. II. (1782) 41.	Pallasia Houtt., Handleid. II. (1775) 382.
4036	—	Barosma Willd., Enum. pl. Hort. berol. (1809) 257.	Parapetalifera Wendl., Coll. pl. I. (1808) 15.
4037	—	Agathosma Willd., Enum. pl. Hort. berol. (1809) 259.	Hartogia L., Syst. ed. 10. (1759) 939, non L. f. 1781 (n. 4645). Bucco Wendl., Coll. pl. (1808) t. 2.
4038	—	Adenandra Willd., Enum. pl. Hort. berol. (1809) 256.	Haenkea F. W. Schmidt, Neue u. selt. Pflz. (1793) 19. Glandulifolia Wendl., Coll. (1808) t. 33, 37. Glandulifera Wendl., ibid. 35 t. 10.
*4063	—	Dictyoloma A. Juss. in: Mém. Mus. Paris, XII. (1825) 499 t. 24.	Benjamina Vell., Fl. flum., 93; II., t. 139 (initio 1825).
*4066	—	Spathelia L. Spec. pl. ed. 2. (1763) 386.	Spathe Boehm. in: Ludwig, Defin. gen. pl. (1760) 286.
4077	—	Toddalia Juss., Gen. (2. sem. 1789) 371.	Cranzia Schreb., Gen. I. (I. sem. 1789) 143, non Nutt. 1818 Crantzia (n. 6047). (Crantzia O. Ktze.)
4079	—	Acronychia Forst., Char. gen. (1776) 53 t. 27.	Cunto Adans., Fam. II. (1763) 446. Jambolana Adans., ibid. 508 pp.
*4083	—	Skimmia Thunb., Nov. gen. pl. III. (1783) 57.	Skimmi Adans., Fam. II., (1763) 364.
*4090	—	Murraya Koenig ex L., Mant. II. (1771) 554.	Camunium Adans., Fam. II. (1763) 166. Chalcas Linné, Mant. I. (1767) 68. Bergera Koenig ex Linné, Mant. II. (1771) 555.

No.	Fam.	Nomina conservanda	Nomina rejicienda
4096	Rutac.	Atalantia Correa in: Ann. Mus. Paris VI. (1805) 383.	Malnaregam Adans., Fam. II. (1763) 344.
*4099	—	Aegle Correa in: Trans. Linn. Soc., V. (1880) 224.	Belou Adans., Fam. II. (1763) 408.
4109	Simarub.	Samadera Gaertn., Fruct. II. (1791) 352 t. 159.	Locandi Adans., Fam. II. (1763) 449.
4120	—	Brucea J. F. Mill., Fasc. (1780) t. 25.	Lussa Rumph., Herb. amb. VII. (1755) 27 t. 15; O. Ktze., Rev. gen. I. (1891) 104.
4124	—	Ailanthus Desf. in: Mém. Acad. sc. Paris 1786. (1789) 265 t. 8.	Pongelion Adans., Fam. II. (1763) 319.
4131		Picramnia Swartz, Prodr. veg. Ind. occ. (1788) 27.	Tariri Aubl., Hist. pl. Gui. franç. Suppl. (1775) 37. Brasiliastrum Lam., Encycl. I. (1783) 462. ? Pseudobrasilium Adans., Fam. II. (1763) 341.
4137	Burserac.	Protium Burm. f., Fl. ind. (1768) 88.	Tingulonga Rumph., Herb. amb. VII. (1755) 54 t. 23 fig. 1; O. Ktze., Rev. gen. I. (1891) 107.
4150	—	Bursera Jacq. ex L., Spec. pl. ed. 2. (1762) 471.	Elaphrium Jacq., Enum. pl. Carib. (1760) 3.
4151	—	Commiphora Jacq., Hort. schoenbrunn. II. (1797) 66.	Balsamea Gled. in: Schrift. Ges. naturf. Fr. Berlin III. (1782) 127.
4172	Meliac.	Naregamia Wight et Arn., Prodr. (1834) 116.	Nelanaregam Adans., Fam. II. (1763) 343.
4195	—	Trichilia [P. Br., Hist. Jamaica. (1756) 278] L., Syst. ed. 10. (1759) 1020.	Halesia Loefl., Iter hisp. (1758) 188, non L. 1759 (n. 6410).
4264	Trigon.	Trigoniastrum Miq., Fl. Ind. bat. Suppl. (1860) 394.	Isopteris Wall., Numer. List (1832) n. 7261.
*4266	Vochys.	Vochysia Juss., Gen. (1789) 424.	Vochy Aubl., Hist. pl. Gui. franc., I. (1775) 18. Salmonia Scop., Introd. (1777) 209. Vochya Vell. ex Vandelli, Fl. lusit. et brasil. spec. (1788) 1 t. 1 f. 1. Cucullaria Schreb., Gen., I. (1789) 6.
*4281	Polygal.	Xanthophyllum Roxb., Hort. bengal. (1814) [28].	Palae Adans., Fam. II. (1763) 448.
4297	Euphorb.	Securinega Comm. ex Juss., Gen. (1789) 388.	Acidoton P. Br., Hist. Jamaica (1756) 335; O. Ktze., Rev. gen. II. (1891) 591.
4349	—	Julocroton Mart. in: Flora XX. (1837) P. 2. Beibl. 119.	Cieca Adans., Fam. II. (1763) 355.
4355	—	Chrozophora Neck., Elem. II. (1790) 337.	Tournesol Adans., Fam. II. (1763) 356. Tournesolia Scop., Introd. (1777) 243.
4454	—	Codiaeum [Rumph. ex] A. Juss., De Euphorb. gen. tent. (1824) 33.	Phyllaurea Lour., Fl. cochinch. (1790) 575.
4472	—	Omphalea L., Syst. ed. 10. (1759) 1264.	Omphalandria P. Br., Hist. Jamaica (1756) 335; O. Ktze., Rev. gen. II. (1891) 609.

No.	Fam.	Nomina conservanda	Nomina rejicienda
4563	Anac.	Lannea A. Rich. in: Guillemin et Perrottet, Fl. Senegamb. tent. I. (1832) 153 t. 42.	Calesiam Adans., Fam. II. (1763) 446. Odina Roxb., Hort. bengal. (1814) 29; Fl. ind. II. (1832) 293. Haberlia Dennst., Schluess. Hort. malab. (1818) 30.
4600	—	Nothopegia Blume, Mus. bot. lugd. batav. I. (1850) 203.	Glycycarpus Dalz. in: Journ. As. Soc. Bombay III. (1849) 69.
4604	—	Holigarna Buch.-Ham. ex Roxburgh, Hort. bengal. (1814) 22; Roxb., Pl. Coromandel III. (1819) 79 t. 282.	Katoutsjeroe Adans., Fam. II. (1763) 534. (Catutsjeron O. Ktze.) Hadestaphylum Dennst., Schluess. Hort. malabar. (1818) 30.
4615	Aquif.	Nemopanthus Raf. in: Amer. Monthly Magaz. (1819) 357.	Ilicioides Dumont de Courset, Le bot. cultiv. IV. (1802) 127.
4709	Icacin.	Pyrenacantha Wight in: Hooker, Bot. Misc. II. (1831) 107.	Cavanilla Thunb., Nov. gen. pl. (1792) 105.
4767	Sapind.	Schleichera Willd., Spec. pl. IV. (1805) 1096.	Cussambium [Rumph. ex] Lam., Encycl. II. (1786) 230. Koon Gaertn., Fruct. II. (1791) 486.
4874	Rhamnac.	Scutia Comm. ex Brongniart in: Ann. sc. nat. X. (1827) 362.	Adolia Lam., Encycl. I. (1783) 44.
4882	—	Colubrina L. C. Rich. ex Brongniart in: Ann. sc. nat. X. (1827) 368 t. 15 f. 3.	Marcorella Neck., Elem. II. (1790) 122. Tubanthera Comm. ex DC., Prodr. II. (1825) 30.
9054	—	Helinus E. Mey. ex Endlicher, Gen. (1840) 1102.	Mystacinus Raf., Sylva Tellur. (1838) 30.
*4915	Vitac.	Parthenocissus Planch. in: De Candolle, Monogr. Phaner., V. 2. (1887) 447.	Psedera Neck., Elem. 1. (1790) 158. Quinaria Rafin., Medic. fl. II. (1830) 122.
4938	Tiliac.	Berrya Roxb., Hort. bengal. (1814) 42; Pl. Coromandel III. (1819) 60 t. 264.	Espera Willd. in: Neue Schrift. Ges. naturforsch. Fr. Berlin III. (1801) 449.
4995	Malvac.	Malvastrum A. Gray in: Mem. Amer. Acad. New Ser. IV. (1849) 21.	Malvcopsis C. Presl, Bot. Bemerk. (1844) 18[1]).
5007	—	Pavonia Cav., Diss. II. (1786) App. 2; III. (1787) 132 t. 45.	Lass Adans., Fam. II. (1763) 400. (Lassa O. Ktze.) Malache B. Vogel in: Trew, Pl. select. (1772) 50 t. 90. Prestonia Scop., Introd. (1777) 281.
5053	Stercul.	Dombeya Cav., Diss. II. (1786) App. 2.; III. (1787) 121 t. 38, 41. (non L'Hér. (1784)).	Assonia Cav., Diss. II. (1786) App. 2.; III. (1787) 120 t. 42.
5080	—	Pterospermum Schreb., Gen. II. (1791) 461.	Velaga Adans., Fam. II. (1763) 398.
5091	—	Cola Schott et Endl., Melet. (1832) 33.	Bichea Stokes, Bot. Mat. med. II. (1812) 564. Edwardia Raf. in: Spech. I. (1814) 158. Lunanea DC., Prodr. II. (1825) 92.

1) Cf. O. Ktze. Rev. gen. III. 2. (1898) 20 et Baker f. in: Journ. of Bot. XXXII. (1894) 186.

No.	Fam.	Nomina conservanda	Nomina rejicienda
5113	Ochnac.	Ouratea Aubl., Hist. pl. Gui. franç. I. (1775) 397 t. 152.	Jabotapita Adans., Fam. II. (1763) 364.
5148	Theac.	Gordonia Ellis in: Phil. Trans. LX. (1770) 518 t. 11.	Lasianthus Adans., Fam. II. (1763) 398.
5153	—	Ternstroemia Mutis ex L. f., Suppl. (1781) 39.	Mokof Adans., Fam. II. (1763) 50. (Mokofa O. Ktze.) Taonabo Aubl., Hist. pl. Gui. franç. (1775) 569. Dupinia Scop., Introd. (1777) 195. Hoferia Scop., ibid. 194.
5171	Guttif.	Vismia Vand., Fl. lusit. et brasil. spec. (1788) 51 t. 3 f. 24.	Caopia Adans., Fam. II. (1763) 448. Caspia Scop., Introd. (1777) 276.
5250	Cochlosp.	Cochlospermum Kunth, Malvac. (1822) 6.	Maximiliana Mart. in: Flora II. (1819) 451, non Mart. 1824? Palm. g. (n. 660).
5254	Canell.	Canella [P. Br., Hist. Jamaica (1756) 275] Swartz in: Trans. Linn. Soc. I. (1791) 96.	Winterana L., Syst. ed. 10. (1759) 1045.
5259	Violac.	Amphirrhox Spreng., Syst. IV. cur. post (1827) 51.	Spathularia A. St. Hil., Hist. pl. remarq. Brésil et Paraguay (1824) 317 t. 18 (non Pers. 1797). Braddleya Vell., Fl. flumin. icon. II. (1827) t. 140. (Bradleya O. Ktze.)
5271	—	Hybanthus Jacq., Enum. pl. Carib. (1760) 2.	Calceolaria Loefl., Iter hisp. (1758) 183, non L. 1771 (n. 7474).
*5304	Flacourt.	Scolopia Schreb., Gen. (1789) 335.	Aembilla Adans., Fam. II. (1763) 448.
5320	—	Xylosma Forst. f., Prodr. (1786) 72.	Myroxylon Forst., Char. gen. (1776) 125 non L. f. 1781 (n. 3584).
5338	—	Laetia Loeffl., Iter hisp. (1758) 190.	Thamnia P. Br., Hist. Jamaica (1756) 245. Guidonia P. Br., ibid. 249.
5341	—	Ryania Vahl, Eclogae I. (1796) 51 t. 9.	Patrisia L. C. Rich. in: Act. Soc. hist. nat. Paris I. (1792) 110.
5400	Ancistrocl.	Ancistrocladus Wall., Numer. List. (1829) n. 1052.	Wormia Vahl in: Skrift. Nat. Selsk. Kjoebenhavn VI. (1810) 104.
5411	Cactac.	Mamillaria Haw., Synops. pl. succ. (1812) 177.	Cactus [L., Gen. ed. 1. (1737) 139] L., Spec. pl. ed. 1. (1753) 466.
5416	—	Rhipsalis Gaertn., Fruct. I. (1788) 137 t. 28.	Hariota Adans., Fam. II. (1763) 243.
5430	Thymel.	Aquilaria Lam., Encycl. II. (1786) 610.	Agallochum Lam., Encycl. I. (1783) 48.
5436	—	Struthiola L., Mant. (1767) 4.	Belvala Adans., Fam. II. (1763) 285.
5446	—	Wikstroemia Endl., Prodr. fl. norfolk. (1833) 47.	Capura L., Mant. II. (1771) 149.
*5453	—	Thymelaea Endl., Gen., Suppl. IV. pars 2. (1847) 65.	Sanamunda Adans., Fam. II. (1763) 285. Ligia Fasano in: Atti Accad. Napoli. 1787 (1788) 245. Gastrilia Rafin., Fl. Tellur. IV. (1836) 105.

No.	Fam.	Nomina conservanda	Nomina rejicienda
*5453	Thymel.	Thymelaea Endl., Gen. Suppl. IV. pars 2. (1848) 65.	Pausia Rafin., ibid. 105. Chlamydanthus C. A. Mey. in: Bull. Acad. St. Pétersbourg, I. (1843) 355 et 358. Piptochlamys C. A. Mey., ibid. 356 et 358.
5467	—	Pimelea Banks et Sol. ex Gaertner, Fruct. I. (1788) 186.	Banksia Forst., Char. gen. (1776) 7 t. 4 non L. f. 1781 (n. 2068).
5471	Elaeagn.	Shepherdia Nutt., Gen. Amer. II. (1818) 240.	Lepargyrea Raf. in: Amer. Monthly Magaz. (1818) 176.
5497	Sonnerat.	Sonneratia L. f., Suppl. (1781) 38.	Blatti Adans., Fam. II. (1763) 88. Pagapate Sonner., Voy. Nouv. Guinée (1776) 16.
5505	Lecyth.	Careya Roxb., Hort. bengal. (1814) 52.	Cumbia Buch.-Ham., Mysore III. (1807) 187 et in: Trans. Linn. Soc. XV (1827) 97.
5506	—	Barringtonia Forst., Char. gen. (1776) 75.	Huttum Adans., Fam. II. (1763) 88.
5510	—	Gustavia L., Pl. surinam. (1775) 18.	Japarandiba Adans., Fam. II. (1763) 448.
5525	Rhizoph.	Carallia Roxb. ex R. Brown in: Flinders, Voy. Bot. II. (1814) App. III. 549.	Karekandel Adans., Fam. II. (1763) 88. Diatoma Lour., Fl. cochinch. (1790) 296. Barraldeia Thou., Gen. nov. madag. (1806) 24.
5528	—	Weihea Spreng., Syst. II. (1825) 559.	Richaeia Thou., Gen. nov. madag. (1806) 25
*5544	Combret.	Terminalia L., Mant. I. (1767) 21.	Adamaram Adans., Fam. II. (1763) 445. Panel Adans., ibid. 447.
5575	Myrt.	Calyptranthes Swartz, Prodr. veg. Ind. occ. (1788) 79.	Chytraculia P. Br., Hist. Jamaica (1756) 239; O. Ktze., Rev. gen. I. (1891) 238. Chytralia Adans., Fam. II. (1763) 80.
*5582	—	Jambosa DC., Prodr., III. (1828) 286.	Jambos Adans., Fam. II. (1763) 88.
*5588	—	Metrosideros Banks ex Gaertn., Fruct., I. (1788) 170 t. 34.	Nani Adans., Fam. II. (1763) 88.
5600	—	Agonis Lindl., Swan River App. (1839) 10.	Billottia R. Br. in: Journ. Roy. Geogr. Soc. I. (1832) 19.
5603	—	Melaleuca L., Mant. I. (1767) 14.	Cajuputi Adans., Fam. II. (1763) 84.
5625	—	Verticordia DC. in: Dict. class. hist. nat. XI. (1826) 400.	Diplachne R. Br. ex Desfontaines in: Mém. Mus. Paris V. (1819) 272.
5659	Melast.	Dissotis Benth. in: Hooker, Niger Fl. (1849) 346.	Hedusa Raf., Sylva Tellur. (1838) 101. (Hedysa O. Ktze.)
5665	—	Monochaetum Naud. in: Ann. sc. nat. 3. sér. IV. (1845) 48 t. 2.	Ephynes Raf., Sylva Tellur. (1838) 101.
5729	—	Sonerila Roxb., Hort. bengal. (1814) 5; Fl. ind. I. (1832) 176.	Cassebeeria Dennst., Schluess. Hort. malabar. (1818) 35.
5759	—	Miconia Ruiz et Pav., Fl. peruv. et chil. prodr. (1794) 60.	Tamonea Aubl., Hist. pl. Gui. franç. I. (1775) 440, non Aubl. ibid. 659 [n. 7142][1]. Leonicenia Scop., Introd. (1777) 312. Lieutautia Buchoz, Pl. nouv. découv. (1779) t. 7. Zulatia Neck., Elem. II. (1790) 117.

1) De nomine Tamonea cf. Jackson in: Journ. of Bot. XXXIX. (1901) 36.

No.	Fam.	Nomina conservanda	Nomina rejicienda
5956	Umbell.	Bifora Hoffm., Gen. Umbellif. ed. 2. (1816) 191.	Anidrum Neck., Elem. I. (1790) 188.
5998	—	Trinia Hoffm., Gen. Umbellif. (1814) 92.	Apinella Neck., Elem. I. (1790) 191.
6015	—	Cryptotaenia DC., Mém. fam. Ombellif. (1829) 42.	Deringa Adans., Fam. II. (1763) 498. Alacospermum Neck., Elem. II. (1790) 167.
6018	—	Falcaria Host, Fl. austr. I. (1827) 381.	Prionitis Adans., Fam. II. (1763) 499. Critamus Besser, Enum. pl. Volhyn. (1822) 93.
6064	—	Kundmannia Scop., Introd. (1777) 116.	Arduina Adans., Fam. II. (1763) 499.
6154	Cornac.	Alangium Lam., Encycl. I. (1783) 174.	Angolam Adans., Fam. II. (1763) 85. Kara-Angolam Adans., ibid. 84. (Karangolum O. Ktze.) Angolamia Scop., Introd. (1777) 107.
6189	Eric.	Loiseleuria Desv., Journ. de bot. III. (1840) 35.	Chamaecistus Oeder, Fl. dan. (1761) t. 9.
6191	—	Rhodothamnus Reichb. in: Moessler, Handb. ed. 2. I. (1827) 688.	Adodendrum Neck., Elem. I. (1790) 214.
6195	—	Daboecia D. Don in: Edinburgh New Phil. Journ. XVII. (1834) 160.	Boretta Neck., Elem. I. (1790) 212.
6215	—	Gaylussacia H. B. K., Nov. gen. et spec. III. (1818) 275.	Adnaria Raf., Fl. ludov. (1817) 56.
6232	—	Cavendishia Lindl., Bot. Reg. XXI. (1836) sub t. 1791.	Chupalon Adans., Fam. II. (1763) 164.
6251	Epacr.	Lebetanthus Endl., Gen. Suppl. I. (1841) 1411.	Allodape Endl., Gen. (1839) 749.
6285	Myrsin.	Ardisia Swartz, Prodr. (1788) 48.	Kathoutheka Adans., Fam. II. (1763) 159. ? Vedela Adans., ibid. 502. Icacorea Aubl., Hist. pl. Gui. franç. II. Suppl. (1775) 1. Bladhia Thunb., Nov. gen. pl. I. (1781) 6.
6288	—	Heberdenia Banks ex A. De Candolle in: Ann. sc. nat. 2. sér. XVI. (1841) 79.	Anguillaria Gaertn., Fruct. I. (1788) 372, non R. Br. 1810 (n. 974).
6301	—	Cybianthus Mart., Nov. gen. et spec. III. (1829) 87.	Peckia Vell., Fl. flumin. (1825) 51.
6304	—	Wallenia Swartz, Prodr. veg. Ind. occ. (1788) 31.	Petesioides Jacq., Select. stirp. amer. hist. (1763) 17.
6310	—	Embelia Burm. f., Fl. ind. (1768) 62.	Ghesaembilla Adans., Fam. II. (1763) 449. Pattara Adans., ibid. 447.
6370	Sapot.	Argania Roem. et Schult., Syst. IV. (1819) 46.	Verlangia Neck., Elem. II. (1790) 125.
6374	—	Bumelia Swartz, Prodr. veg. Ind. occ. (1788) 49.	? Robertia Scop., Introd. (1777) 154.
6428	Oleac.	Linociera Swartz in: Schreber, Gen. II. (1791) 784.	Mayepea Aubl., Hist. pl. Gui. franç. I. (1775) 784. (Majepea O. Ktze.) Thouinia L. f., Suppl. (1781) 89. Freyeria Scop., Introd. (1777) 208. Ceranthus Schreb., Gen. I. (1789) 14.

No.	Fam.	Nomina conservanda	Nomina rejicienda
*6450	Logan.	Logania R. Br., Prodr. (1810) 454.	Euosma Andrews, Bot. Repos. (1808) t. 520.
6483	Gentian.	Belmontia E. Mey., Comment. pl. Afr. austr. (1837) 183.	Parasia Raf., Fl. Tellur. III. (1836) 78.
6484	—	Enicostemma Blume, Bijdr. (1826) 848.	Hippion Spreng., Syst. I. (1825) 505.
6504	—	Orphium E. Mey., Comment pl. Afr. austr. (1837) 181.	Valeranda Neck., Elem. II. (1790) 33.
6513	—	Halenia Borkh. in: Roemer, Arch. I. 1. (1796) 25.	Tetragonanthus S. G. Gmel., Fl. sibir. IV. (1769) 113.
6544	—	Villarsia Vent., Choix (1803) t. 9 pp.	Renealmia Houtt., Handl. VIII. (1777) 335, non L. f. 1781 (n. 1331).
6559	Apoc.	Carissa L., Mant. I. (1767) 7.	Arduina Mill., Fig. Pl. Gard. Dict. (1760) t. 300; L., Mant. I. (1767) 7. Carandas Adans., Fam. II. (1763) 171.
6562	—	Landolphia Beauv., Fl. d'Oware I. (1806) 54.	Pacouria Aubl., Hist. pl. Gui. franç. I. (1775) 268 t. 105. Alstonia Scop., Introd. (1777) 198. Vahea Lam., Illustr. (1792) t. 69.
6588	—	Aspidosperma Mart. et Zucc., Nov. gen. et spec. I. (1824) 57 t. 34—36.	Macaglia Rich. ex Vahl in: Skrivt. naturh. Selsk. Kjoebenhavn VI. (1810) 107.
6616	—	Alyxia Banks ex R. Brown, Prodr. (1810) 469.	Gynopogon Forst., Char. gen. (1776) 35 t. 18.
*6632	—	Thevetia Adans., Fam. (1763) 171.	Ahouai Boehm. in: Ludwig, Defin. gen. pl. (1760) 36.
6677	—	Chonemorpha G. Don, Gen. Hist. IV. (1838) 76.	Beluttakaka Adans., Fam. II. (1763) 172.
6683	—	Ichnocarpus R. Br. in: Mem. Werner. Soc. I. (1809) 61.	Quirivelia Poir, Encycl. VI. (1804) 42.
6857	Asclep.	Oxypetalum R. Br. in: Mem. Werner. Soc. I. (1809) 41.	Gothofreda Vent., Choix (1803) t. 60.
6994	Convolv.	Calystegia R. Br., Prodr. (1810) 483.	Volvulus Medik. in: Staatswiss. Vorles. churpf. phys. oekon. Ges. I. (1791) 202.
7023	Hydro-phyll.	Ellisia L., Spec. pl. ed. 2. (1763) 1662.	Macrocalyx Trew in: Acta Acad. nat. cur. II. (1761) 332.
7029	—	Hesperochiron S. Wats., Bot. King's Exped. (1871) 281.	Capnorea Raf., Fl. Tellur. III. (1836) 74.
7037	—	Hydrolea L., Spec. pl. ed. 2. (1763) 328.	Nama L., Spec. pl. ed. 1. (1753) 226, non L. 1759 (n. 7033).
7056	Borrag.	Trichodesma R. Br., Prodr. (1810) 496.	Pollichia Medik., Bot. Beob. (1783) 247. Borraginoides Moench, Meth. (1794) 515.
7082	—	Amsinckia Lehm., Delect. sem. Hort. hamburg. (1831) 7.	Benthamia Lindl., Nat. Syst. (1830) 241.
7102	—	Mertensia Roth, Catal. bot. I. (1797) 34.	Pneumaria Hill, Veg. Syst. VII. (1764) 40.
7148	Verben.	Bouchea Cham. in: Linnaea VII. (1832) 252.	Deniseaea Neck., Elem. I. (1790) 306. (Deniseia O. Ktze., Denisia O. Ktze.)

13*

No.	Fam.	Nomina conservanda	Nomina rejicienda
7151	Verben.	Stachytarpheta Vahl, Enum. I. (1805) 205.	Sherardia Adans., Fam. II. (1763) 198. Valerianoides Medik., Phil. Bot. I. (1789) 177. Vermicularia Moench, Meth. Suppl. (1802) 150.
7156	—	Amasonia L. f., Suppl. (1781) 48.	Taligalea Aubl., Hist. pl. Gui. franç. II. (1775) 625.
7181	—	Tectona L. f., Suppl. (1781) 20.	Theka Adans., Fam. II. (1763) 465.
7299	Labiat.	Sphacele Benth. in: Bot. Reg. XV. (1829) t. 1289.	Alguelaguen Adans., Fam. II. (1763) 505. (Alguelagum O. Ktze.) Phytoxis Molina, Sagg. Chile ed. 2. (1810) 145.
*7312	—	Amaracus Gleditsch, Syst. pl. (1764) 189.	Hofmannia Heist. ex Fabr. Enum. pl. hort. helmstad. (1759).
*7314	—	Majorana Boehm. in: Ludwig, Defin. gen. pl. (1760) 116.	Amaracus Hill, Brit. Herb. (1756).
7317	—	Pycnanthemum L. C. Rich. in: Michx., Fl. bor. amer. II. (1803) 7.	Furera Adans., Fam. II. (1763) 193. Koellia Moench, Meth. (1794) 407.
7342	—	Hyptis Jacq., Collect. I. (1786) 101.	Mesosphaerum P. Br., Hist. Jamaica (1756) 217; O. Ktze., Rev. gen. II. (1891) 524. Condea Adans., Fam. II. (1763) 504.
7350	—	Plectranthus L'Hérit., Stirp. nov. (1785 vel 1788?) 84 verso.	Germanea Lam., Encycl. II. (1786 vel 1787?) 690. (Germainia O. Ktze.)
7377	Solan.	Nicandra Adans., Fam. II. (1763) 219.	Pentagonia Heist. ex Fabricius, Enum. pl. Hort. helmstad. (1759) 184; Hiern, Catal. Afr. Pl. Welwitsch III. (1798) 752. Physaloides Boehm. in: Ludwig, Defin. gen. pl. (1760) 42; O. Ktze., Rev. gen. II. (1891) 452.
7382	—	Jochroma Benth. in: Bot. Reg. (1845) t. 20.	Diplukion Raf., Sylva Tellur. (1838) 53. Valteta Raf., ibid. 53.
7388	—	Hebecladus Miers in: Hooker, London Journ. of Bot. IV. (1845) 321.	Ulticona Raf., Sylva Tellur. (1838) 55. ? Kukolis Raf., ibid. 55.
7398	—	Athenaea Sendtn. in: Fl. brasil. X. (1846) 133.	Deprea Raf., Sylva Tellur. (1838) 57.
7400	—	Withania Pauquy, Diss. de Belladonna (1824) 14.	Physaloides Moench, Meth. (1794) 473.
7485	Scrophul.	Anarrhinum Desf., Fl. atlant. II. (1800) 51.	Simbuleta Forsk., Fl. aegypt. arab. (1775) 115.
7517	—	Manulea L., Mant. I. (1767) 12.	Nemia Berg., Descr. pl. cap. (1767) 160.
7518	—	Chaenostoma Benth. in: Hooker, Compan. Bot. Magaz. I. (1835) 374.	Palmstruckia Retz. f., Obs. bot. pugill. (1810) 15.
7532	—	Limnophila R. Br., Prodr. (1810) 442.	Ambulia Lam., Encycl. I. (1783) 128. Diceros Lour., Fl. cochinch. (1790) 381. Hydropityon Gaertn. f., Fruct. III. (1805) 19.

No.	Fam.	Nomina conservanda	Nomina rejicienda
7534	Scrophul.	Stemodia L., Syst. ed. 10. (1759) 1118.	Stemodiacra P. Br., Hist. Jamaica (1756) 261; O. Ktze., Rev. gen. II. (1891) 465.
7546	—	Bacopa Aubl., Hist. pl. Gui. franç. I. (1775) 128 t. 49.	Moniera P. Br., Hist. Jamaica (1756) 269; Adans., Fam. II. (1763) 212. Brami Adans., ibid. 208.
7549	—	Micranthemum L. C. Rich. in: Michx., Fl. bor. amer. I. (1803) 10 t. 2.	Globifera J. F. Gmel., Syst. II. (1791) 32.
*7556	—	Glossostigma Wight et Arn. in: Nova Acta Acad. nat. cur., XVIII. (1836) 355.	Peltimela Rafin., Atlant. Journ. (1833) 199.
7559	—	Artanema D. Don in: Sweet, Brit. Flow. Gard. 2. Ser. III. (1835) t. 234.	Bahel Adans., Fam. II. (1763) 210.
*7592	—	Rehmannia Liboschitz ex Fischer et Meyer, Index sem. horti. petropol. I. (1835) 36.	Sparmannia Buchoz, Pl. nouv. découv. (1779) t. 1.
7602	—	Seymeria Pursh, Fl. Amer. sept. II. (1814) 736.	Afzelia J. F. Gmel., Syst. II. (1791) 927, non Smith 1798 (n. 3509).
7632	—	Cordylanthus Nutt. ex Bentham in: De Candolle, Prodr. X. (1846) 597.	Adenostegia Benth. in: Lindley, Nat. Syst. ed. 2. (1836) 445.
7649	—	Rhynchocorys Griseb., Spicil. fl. rumel. I. (1844) 12.	Elephas Adans., Fam. II. (1763) 211. Proboschiphora Neck., Elem. I. (1790) 336.
7760	Bignon.	Colea Boj., Hort. maurit. (1837) 220.	Tripinna Lour., Fl. cochinch. (1790) 391. Tripinnaria Pers., Synops. (1807) 173. Uloma Raf., Fl. Tellur. II. (1836) 62.
7766	—	Tourrettia Fougeroux in: Mém. Acad. Paris 1784 (1787) 205 t. 1.	Dombeya L'Hér., Stirp. nov. (1784) 33 t. 17, non Cav. 1786 (n. 5053).
7792	Oro- banch.	Epiphegus Nutt., Gen. Amer. II. (Mai 1818) 60.	Leptamnium Raf. in: Amer. Monthly Magaz. II. (Febr. (1818) 267.
7810	Gesner.	Didymocarpus Wall. in: Edinburgh Philos. Journ. I. (1819) 378.	Roettlera Vahl, Enum. I. (1805) 87.
7860	—	Alloplectus Mart., Nov. gen. et spec. III. (1829) 53.	Crantzia Scop., Introd. (1777) 173, non Nutt. 1818 (n. 6047). Vireya Raf., Specchio I. (1814) 194. Lophia Desv. in: Hamilton, Prodr. pl. Ind. occ. (1825) 47.
7900	Lentib.	Polypompholyx Lehm., Pugill. VIII. (1844) 48.	Cosmiza Raf., Fl. Tellur. IV. (1836) 110.
7908	Acanth.	Elytraria L. C. Rich. in: Michx., Fl. bor. amer. I. (1803) 8.	Tubiflora J. F. Gmel., Syst. II. (1791) 27.
7932	—	Phaulopsis Willd., Spec. pl. III (1800) 342.	Micranthus Wendl., Bot. Beob. (1798) 38, non Eckl. 1827 (n. 1313).
8031	—	Dicliptera Juss. in: Ann. Mus. Paris IX. (1807) 267.	Diapedium Koenig in: Koenig et Sims, Ann. of. Bot. II. (1806) 189.
8042	—	Schaueria Nees, Index sem. Hort. ratisb. (1838); Linnaea XIII. (1839) Litt. 119.	Flavicoma Raf., Fl. Tellur. IV. (1836) 63.
8096	—	Anisotes Nees in: De Candolle, Prodr. XI. (1847) 424.	Calasias Raf., Fl. Tellur. IV. (1836) 64.

13*

No.	Fam.	Nomina conservanda	Nomina rejicienda
8097	Acanth.	Jacobinia Moric., Pl. nouv. Amér. (1846) 156.	Ethesia Raf., Fl. Tellur. IV. (1836) 63.
8126	Rub.	Bikkia Reinw. in: Blume, Bijdr. (1826) 1017.	Cormigonus Raf. in: Ann. gén. sc. phys. VI. (1820) 83.
8140	—	Lucya DC., Prodr. IV. (1830) 434.	Clavenna Neck., Elem. II. (1790) 145. Dunalia Spreng., Pugill. (1815) 25.
*8204	—	Manettia Mutis ex L., Mant. II. (1771) 558.	Lygistum Boehm. in: Ludwig, Defin. gen. pl. (1760) 12.
8227	—	Mitragyna Korth., Obs. Naucl. ind. (1839) 19.	Mamboga Blanco, Fl. Filip. ed. 1. (1837) 140.
8228	—	Uncaria Schreb., Gen. I. (1789) 125.	Ourouparia Aubl., Hist. pl. Gui. franç. I. (1775) 177. (Uruparia O. Ktze.)
8241	—	Schradera Vahl, Eclog. amer. I. (1796) 35 t. 5.	Urceolaria Willd. in: Cothenius, Disp. veg. (1790) 10.
*8250	—	Coccocypselum Schreb., Gen., II (1791) 789.	Coccocipsilum Boehm. in: Ludwig, Defin. gen. pl. (1760) 14. Sicelium Boehm., ibid. 14.; Adans., Fam. II. (1763) 147[1]). Tontanea Aubl., Hist. pl. Guin. franç., I. (1775) 108 t. 42. Coccosipsilum Swartz, Prodr. veg. Ind. occ. (1788) 31.
8316	—	Duroia L. f., Suppl. (1781) 30.	Pubeta L., Pl. surinam. (1775) 16.
*8365	—	Timonius DC., Prodr., IV. (1830) 461.	Nelitris Gaertn., Fruct., I. (1788) 134 t. 27. Porocarpus Gaertn., Fruct., II. (1791) 473 t. 178. Polyphragmon Desf. in: Mém. Mus. Paris, VI. (1820) 5. t. 2. Helospora Jack in: Trans. Linn. Soc., XIV. (1823) 127 t. 4 f. 3. Burneya Cham. et Schlechtd. in: Linnaea IV. (1829) 189.
8396	—	Psychotria L., Syst. ed. 10. (1759) 929.	Myrstiphyllum P. Br., Hist. Jamaica (1756) 252. Psychotrophum P. Br., ibid. 160.
8411	—	Cephaelis Swartz, Prodr. veg. Ind. occ. (1788) 45.	Carapichea Aubl., Hist. pl. Gui. franç. (1775) 167. Evea Aubl., ibid. 103. Tapogomea Aubl., ibid. 357. Chesna Scop., Introd. (1777) 119.
8430	—	Paederia L., Mant. I. (1767) 7 et 52.	Hondbessen Adans., Fam. II. (1763) 158. (Hondbesseion O. Ktze.) Dauncontu Adans., ibid. 146.

---

1) Adanson (1763) primus genera *Sicelium* (1760) et *Coccocipsilum* (1760) in unum conjunxit.

No.	Fam.	Nomina conservanda	Nomina rejicienda
*8445	Rub.	Nertera Banks et Soland, ex Gaertn., Fruct. I. (1788) 124 t. 26.	Gomozia Mutis ex Linné f., Suppl. (1781) 17.
*8473	—	Borreria G. F. Mey., Prim. fl. esseq. (1818) 79 t. 1.	Spermacoce [Linné, Spec. pl., ed. 1. (1753) 102, ?]; Adans., Fam. II. (1763) 145. Tardavel Adans., ibid. 145. Covolia Neck., Elem., I. (1790) 201. Gruhlmania Neck., ibid. 202. Chenocarpus Neck., ibid. 202.
8530	Valerian.	Fedia Moench, Meth. (1794) 486.	Mitrophora Neck., Elem. I. (1790) 123.
8535	—	Patrinia Juss. in: Ann. Mus. X. (1807) 311.	Fedia Adans., Fam. II. (1763) 152 non Moench 1794 (n. 8530). Moufetta Neck., Elem. I. (1790) 124.
8596	Cucurb.	Ecballium A.Rich. in: Dict. class. hist. nat. VI. (1824) 19.	Elaterium [Ludw., Def. gen. (1737) 26] Moench, Meth. (1794) 503.
8627	—	Cayaponia Silva Manso, Enum. subst. brazil. (1836 vel 1837?) 31.	Arkezostis Raf., New. Fl. Amer. IV. (1836) 100.
8629	—	Echinocystis Torr. et Gray, Fl. N. Amer. I. (1840) 542.	Micrampelis Raf. in: Med. Repos. New York V. (1808) 350.
8636	—	Sechium [P. Br., Hist Jamaica (1756) 355] Juss. Gen. (1789) 391.	Chocho Adans., Fam. II. (1763) 500. Chayota Jacq., Select. stirp. amer. hist. ed. pict. (1780) t. 245.
8668	Campan.	Wahlenbergia Schrad., Catal. hort. goetting. (1814).	Cervicina Del., Fl. Egypte (1813) 150.
8680	—	Sphenoclea Gaertn., Fruct. I. (1788) 113.	Pongati Adans Hist. nat. Sénégal (1756), ed. angl. (1759) 152. (Pongatium Juss.)
8706	—	Downingia Torr. in: Pacif. Rail. Rep. IV. (1856) 116.	Bolelia Raf., Atlant. Journ. (1832) 120. Gynampsis Raf., Fl. Tellur. III. (1836) 5. Wittea Kunth in: Abh. Akad. Berlin 1848. 1850) 32.
8716	Gooden.	Scaevola L., Mant. II. (1771) 145.	Lobelia Adans., Fam. II. (1763) 157.
8751	Comp.	Vernonia Schreb., Gen. II. (1791) 541.	Behen Hill, Veg. Syst. IV. (1762) 41.)
8818	—	Mikania Willd., Spec. pl. III. (1803—4) 1742.	Willugbaeya Neck., Elem. I. (1790) 82. Carelia Cav. in: Anal. cienc. nat. VI. (1802) 317.
8823	—	Brickellia Ell., Sketch. II. (1824) 290.	Coleosanthus Cass. in: Bull. Soc. philom. (1817) 67.
8826	—	Liatris Schreb., Gen. (1791) 542.	Laciniaria Hill, Veg. Syst. IV. (1762) 49. Psilosanthus Neck., Elem. I. (1790) 69.
8844	—	Chrysopsis Ell., Sketch. II. (1824) 333.	Diplogon Raf. in: Amer. Monthly Magaz. (1818) 268.
8852	—	Haplopappus Cass. in: Dict. sc. nat. LVI. (1828) 168.	Hoorebeckia Cornelissen in: Mussch. Hort. Gand (1817) 120.
*8862	—	Pteronia L., Spec. pl. ed. 2. (1763) 1176.	Pterophorus Boehm. in: Ludwig Defin. gen. pl. (1760) 165.
8898	—	Callistephus Cass. in: Dict. sc. nat. XXXVII. (1825) 491.	Callistemma Cass. in: Dict. sc. nat. IV. Suppl. (1817) 45.

No.	Fam.	Nomina conservanda	Nomina rejicienda
8919	—	Felicia Cass. in: Bull. Soc. philom. (1818) 165.	Detris Adans., Fam. II. (1763) 131.
8939	—	Blumea DC. in: Guillemin Arch. bot. II. (1833) 514.	Placus Lour., Fl. cochinch. (1790) 496.
9039	—	Disparago Gaertn., Fruct. II. (1791) 463.	Wigandia Neck., Elem. I. (1790) 95, non H. B. K. 1818 (n. 7035).
9054	—	Podolepis Labill., Nov. Holl. pl. spec. II. (1806 vel 1807) 56.	Scalia Sims in: Bot. Magaz. (1806) t. 956.
9057	—	Heterolepis Cass. in: Bull. Soc. philom. (1820) 26.	Heteromorpha Cass. in: Bull. Soc. philom. (1817) 12, non Cham. et Schlechtd. 1826 (n. 5992).
9059	—	Printzia Cass. in: Dict. sc. nat. XXXVII. (1825) 463.	Lloydia Neck., Elem. I. (1790) 4.
9091	—	Pallenis Cass. in: Dict. sc. nat. XXIII. (1822) 566.	Athalmum Neck., Elem. I. (1790) 20.
9101	—	Lagascea Cav. in: Anal. cienc. nat. VI. (1803) 321.	Nocca Cav., Icon. III. (1794) 12.
9147	—	Franseria Cav., Icon. II. (1793) 78.	Gaertneria Medik., Phil. Bot. I. (1789) 45.
9155	—	Zinnia L., Syst. ed. 10. (1759) 1221.	Crassina Scepin, Sched. acid. veget. (1758) 42. Lepia Hill, Exot. Bot. (1759) t. 29.
*9166	—	Eclipta L., Mant. II. (1771) 157.	Eupatoriophalacron Adans., Fam. II. (1763) 130.
9215	—	Actinomeris Nutt., Gen. Amer. II. (1818) 181.	Ridan Adans., Fam. II. (1763) 130.
9222	—	Guizotia Cass. in: Bull. Soc. philom. (1827) 127.	Werrinuwa Heyne, Tracts on India (1814) 49.
9405	—	Gynura Cass. in: Dict. sc. nat. XXXIV. (1825) 391.	Crassocephalum Moench, Meth. (1794) 516.
9431	—	Ursinia Gaertn., Fruct. II. (1791) 462.	Spermophylla Neck., Elem. I. (1790) 24.
9434	—	Gazania Gaertn., Fruct. II. (1791) 451.	Meridiana Hill, Veg. Syst. II. (1761) 121. Moehnia Neck., Elem. I. (1790) 9.
9438	—	Berkheya Ehrb., Beitr. III. (1788) 137.	Crocodiloides Adans., Fam. II. (1763) 127.
9464	—	Silybum Adans., Fam. II. (1763) 116; Gaertn., Fruct. II. (1791) 378.	Mariana Hill, Veg. Syst. IV. (1762) 19.
9466	—	Galactites Moench, Meth. (1794) 558.	Lupsia Neck., Elem. I. (1790) 71.
*9476	—	Amberboa Less., Synops. Compos. (1832) 8.	Amberboi Adans., Fam. II. (1762) 117. Volutaria Cass. in: Bull. Soc. philom. (1816) 200. Chryseis Cass. in: Dict. sc. nat. IX. (1817) 154. Lacellia Viv., Fl. libyc. spec. (1824) 58 t. 22 f. 2. Volutarella Cass. in: Dict. sc. nat. XLIV. (1826) 36.

No.	Fam.	Nomina conservanda	Nomina rejicienda
9479	—	Cnicus Gaertn., Fruct. II. (1791) 385[1]).	Carbenia Adans., Fam. II. (1763) 116.
9490	—	Stifftia Mikan, Del. Brasil. I. (1820) 1.	Augusta Leandro in: Denkschr. Akad. München VII. (1819) 235, non Pohl 1831 (n. 8183).
*9528	—	Gerbera Cass. in: Bull. Soc. philom. (1817) 34.	Aphyllocaulon Lag., Amen. nat. Espan. I. (1811) 38.
9529	—	Chaptalia Vent., Jard. Cels. (1800) t. 61.	Thyrsanthema Neck., Elem. I. (1790) 6.
9560	—	Krigia Schreb., Gen. (1791) 532.	Adopogon Neck., Elem. I. (1790) 55.
9576	—	Stephanomeria Nutt. in: Trans. Amer. Phil. Soc. N. Ser. VII. (1841) 427.	Ptiloria Raf. in: Atlant. Journ. (1832) 145.
9592	—	Taraxacum Wiggers, Prim. fl. holsat. (1780) 56.	Hedypnois Scop., Fl. carn. ed. 2, II. (1772) 99, non Schreb. 1791 (n. 9569).
9604	—	Pyrrhopappus DC., Prodr. VII. (1838) 144.	Sitilias Raf., New Fl. Amer. IV. (1836) 85.

1) Cnicus L. Spec. pl. ed. 1. (1853) 826 amplectitur et Cnicum Gaertneri et Cirsium Adans. em. DC. Genere Gaertneriano recepto genus homonymum Linnaeanum interdum pro nomine usitato „Cirsium" adhibitum [cf. Benth. in Bentham et Hooker f., Gen. II. (1873) 468] rejiciendum est; itaque valet Cirsium Adans. [DC. Prodr. VI. (1837) 634].

VI. Index analytique.

14

14*

VERLAG VON GUSTAV FISCHER IN JENA.

Biologische und morphologische Untersuchungen über Wasser- und Sumpfgewächse. Von Prof. Dr. Hugo Glück in Heidelberg.

Band I: Die Lebensgeschichte der europäischen Alismaceen. Mit 25 Abbildungen im Text und 7 lithogr. Doppeltafeln. 1905. Preis: 20 Mark.

Der Verfasser hat in dieser Untersuchung zum ersten Male die zahlreichen Standortsformen der so vielgestaltigen Alismaceen zum Gegenstand einer experimentell-morphologischen Untersuchung gemacht. Die Alismaceen bilden für das Studium der Anpassungserscheinungen die weitaus günstigsten Objekte, da ihre Organe eine fast einzig dastehende Plastizität aufweisen; sie sind auch für Demonstrationszwecke vorzüglich geeignet.

Der erste spezielle Teil enthält die Biologie folgender Arten: 1. Alisma plantago (L.) mit 2 Varietäten. 2. Alisma graminifolium Ehrh. (= A. acruatum Michalet) mit 5 Standortsformen. 3. Echinodorus ranunculoides Engelm. mit 5 Standortsformen. 4. Echinodorus ranunculoides var. repens. (Lam.) mit 4 Standortsformen. 5. Caldesia parnassifolia (Bassi) Parl. mit 2 Standortsformen. 6. Damasonium stellatum (Rich.) Pers. mit 5 Standortsformen. 7. Sagittaria saggittifolia L. mit 4 Standortsformen. — Der zweite allgemeine Teil enthält die gewonnenen Resultate, von allgemeinen Gesichtspunkten aus dargestellt. Für die Systematik sind die neu beschriebenen Standortsformen in einem besonderen Abschnitt in lateinischen Diagnosen wiedergegeben.

Band II: Untersuchungen über die mitteleuropäischen Utricularia-Arten; über die Turionenbildung der Utricularia-Arten; über die Turionenbildung bei Wasserpflanzen, sowie über Ceratophyllum. Mit 28 Abbildungen im Text und 6 lithogr. Doppeltafeln. 1906. Preis: 18 Mark.

Inhalt: 1. Kritische Bemerkungen zur Morphologie von Utricularia. 2. Standortsformen von Utricularia. 3. Rhizoidbildungen von Utricularia. 4. Luftsprosse von Utricularia. 5. und 6. Turionen (Winterknospen) der Wasserpflanzen. 7. Regenerationserscheinungen bei Utricularia. 8. Rhizoiden von Ceratophyllum.

Band III: Die Uferflora. Mit 105 Abbildungen im Text und 8 lithogr. Doppeltafeln. 1911. Preis: 33 Mark.

Der Verfasser stellt zur Uferflora alle diejenigen Arten, die sich in dem Inundationsgebiet von Süßwasseransammlungen vorfinden und ganz entsprechend der jeweiligen Wasserzufuhr variieren. Im ganzen sind nicht weniger wie 114 Spezies untersucht worden und zahlreiche Standortsformen. Das bearbeitete Gebiet erstreckt sich auf die mitteleuropäische, auf die westeuropäische und mediterrane Flora. Die Einteilung des ganzen Materials ist nach allgemeinen morphologischen und biologischen Gesichtspunkten gemacht, wobei das jeweilige Auftreten von Luftblättern, Schwimmblättern und submersen Wasserblättern sowie die Existenz von einer Blattform (homoblastisch) oder zwei Blattformen (heteroblastisch) maßgebend war.

Außerdem mögen aus dem „Allgemeinen Rückblick" noch folgende Punkte kurz hervorgehoben sein: Das Wachstumoptimum der Wasserformen. Formen des fließenden Wassers. Zwergformen. Aerenchymgewebe. Lebensdauer der Standortsformen. Ruheperiode. Kleistogame und submerse Blüten. Ferner sind noch behandelt: Abhängigkeit der Blütenbildung vom Standort, Bildung vegetativer Sprosse an Stelle von Blüten (Juncus supinus, Scripus multicaulis). Vergrünung von Blütenständen (Berula. angustifolia, Sium latifolium, Eryngium Barrelieri u. a. m.).

In Vorbereitung befindet sich:

Band IV (Schlußband): Submerse und Schwimmblattflora.

———— Ausführlicher, illustrierter Prospekt kostenfrei. ————

Das Phytoplankton des Süßwassers mit besonderer Berücksichtigung des Vierwaldstättersees. Von Dr. Hans Bachmann, Professor der Naturgeschichte an der Kantonschule in Luzern. Mit 29 Abbildungen im Text und 15 farbigen Tafeln. 1911. Preis: 5 Mark.

Untersuchungen an Blattgelenken. Von Dr. Adolf Sperlich, Privatdozent der Botanik an der Universität Innsbruck. Erste Reihe. Mit 7 Tafeln und 7 Abbildungen im Text. (Ausgeführt mit Benutzung der von Prof. Heinricher von seiner Studienreise nach Java mitgebrachten Materialien.) Herausgegeben teilweise mit Unterstützung der kaiserl. Akademie der Wissenschaften in Wien aus dem Legate Scholz. 1910. Preis: 8 Mark.

Entwurf eines neuen Systems der Coniferen. Von F. Vierhapper. Mit 2 Abbildungen. Nach einem bei der 81. Versammlung Deutscher Naturforscher und Ärzte in Salzburg gehaltenen Vortrage. (Abhandlungen der K. K. Zoolog. Botan. Gesellschaft in Wien. Bd. V, Heft 4.) 1910. Preis: 2 Mark 50 Pf.

VERLAG VON GUSTAV FISCHER IN JENA.

Flora der Umgebung der Stadt São Paulo in Brasilien. Von Dr. A. Usteri, ehemals Professor am Polytechnikum São Paulo. Mit 1 Karte, 1 Tafel und 72 Abbildungen im Text. 1911. Preis: 7 Mark.

Vorliegende Arbeit ist die erste systematische Bearbeitung der Flora von São Paulo. Sie wird wegen ihrer Eigenart und Reichhaltigkeit für weite Kreise der Botaniker und Geographen von Interesse sein. Die reiche Illustrierung erhöht den Wert des Buches. Der erste Teil gibt einen Einblick in die pflanzengeographischen Verhältnisse des Gebiets, während der zweite ein Bestimmen der in dieser Gegend wild wachsenden Pflanzen ermöglicht.

Untersuchungen über Pfropfbastarde. Erster Teil: Die unmittelbare gegenseitige Beeinflussung der Pfropfsymbionten. Von Dr. Hans Winkler, a. o. Professor der Botanik an der Universität Tübingen. Mit 2 Abbildungen im Text. 1912. Preis: 6 Mark.

Der Verfasser, dem vor einigen Jahren die experimentelle Lösung des Pfropfbastardproblems gelang, hat sich vorgenommen, die ausführliche Darlegung seiner Untersuchungen in der Form einer abschließenden Monographie zu geben. Diese soll in drei Teilen erscheinen, von denen der erste die durch Modifikation, der zweite die durch Chimärenbildung, und der dritte die durch Zellverschmelzung entstandenen Pfropfbastarde zum Gegenstand haben sollen. Der vorliegende erste Teil beschäftigt sich eingehender, als das bis jetzt irdendwie geschehen ist, mit der Frage nach der direkten gegenseitigen spezifischen Beeinflussung zweier Pfropfsymbionten. Der zweite Teil soll bald nachfolgen. Alle Botaniker bringen dieser wichtigen Frage das größte Interesse entgegen und werden sich freuen, die ausführliche Darstellung aus der berufensten Feder zu besitzen.

Die Pflanzenstoffe. Botanisch-systematisch bearbeitet. Chemische Bestandteile und Zusammensetzung der einzelnen Pflanzenarten — Rohstoffe und Rohprodukte — Phanerogamen. Von Prof. Dr. C. Wehmer, Dozenten an der Kgl. Tech. Hochschule zu Hannover. 1911. Preis: 35 Mark.

Pharmazeutische Zeitung, 56. Jahrg., Nr. 25 vom 29. März 1911:

In dem vorliegenden umfassenden Werke hat der Verfasser mit großem Geschick den Versuch unternommen, die Ergebnisse der bisherigen pflanzenchemischen Forschung in knappester Form übersichtlich zusammenzufassen. Es ist demselben, gestützt auf ein umfassendes eigenes Wissen, gelungen, die großen Schwierigkeiten, die sich auf einer möglichst lückenlosen Zusammenfassung entgegenstellen, durch Fleiß und Ausdauer und nicht zum wenigsten durch eine eingehende und gründliche Quellenforschung zu überwinden, so daß nunmehr ein Werk vorliegt, das als praktisches Nachschlagebuch vollste Anerkennung verdient und, soweit die Phanerogamen in Betracht kommen, auch ein vollständiges genannt werden kann. Um einen schnellen Überblick über das Ganze und eine leichte Orientierung im einzelnen zu ermöglichen, wurde die Anordnung des Materials im botanischen System gegeben. Dabei ist der Verfasser soweit wie möglich Engler-Prantl („Natürliche Pflanzenfamilien") und dem Syllabus von Engler gefolgt.

Wir können das nahezu 1000 Seiten umfassende Werk nicht nur allen Apotheker und Ärzten, sondern auch Botanikern, Chemikern usw. als brauchbares Nachschlagewerk sehr empfehlen und man darf wohl erwarten, daß dasselbe bald in keiner einigermaßen vollständigen Bibliothek mehr fehlen wird.

Seit Februar 1912 erscheint:

Mycologisches Zentralblatt. Zeitschrift für allgemeine und angewandte Mycologie. Organ für wissenschaftliche Forschung auf den Gebieten der Allgemeinen Mycologie (Morphologie, Physiologie, Biologie, Pathologie und Chemie der Pilze) Gärungschemie und technischen Mycologie. In Verbindung mit Prof. Dr. E. Baur-Berlin, Prof. Dr. V. H. Blackmann-Kensington-London, Prof. Dr. A. F. Blakeslee-Storrs (Conn.) U. St. A., Prof. Dr. G. Briosi-Pavia, Prof. Dr. K. Büsgen-Münden, Prof. Dr. F. Cavara-Neapel, Prof. Dr. F. Elfving-Helsingfors, Prof. Dr. J. Eriksson-Stockholm, Prof. Dr. Ed. Fischer-Bern, Prof. Dr. K. Giesenhagen-München, Prof. Dr. B. Hansteen-Aas bei Christiania, Prof. Dr. H. Klebahn-Hamburg, Prof. Dr. E. Küster-Bonn, Prof. Dr. G. von Lagerheim-Stockholm, Prof. Dr. R. Maire-Algier, Prof. Dr. L. Matruchot-Paris, Geh. Reg.-Rat Prof. Dr. Arthur Mayer-Marburg, Prof. Dr. K. Miyabe-Sapporo (Japan), Prof. Dr. H. Molisch-Wien, Prof. Dr. H. Müller-Thurgau-Wädenswil-Zürich, Prof. Dr. F. Neger-Tharandt, Geh. Reg.-Rat Prof. Dr. Peter-Göttingen, Prof. Dr. K. Puriewitsch-Kiew, Prof. Dr. J. Stoklasa-Prag, Dozent W. Tranzschel-St. Petersburg, Prof. Dr. Freiherr von Tubeuf-München, Prof. Dr. F. A. Went-Utrecht herausgegeben von Prof. Dr. C. Wehmer-Hannover (Alleestr. 35).

Die Zeitschrift bringt Originalbeiträge, Referate und Literatur. Für schnelles Erscheinen der Arbeiten und möglichste Vollständigkeit des referierenden Teiles ist Sorge getragen.

Monatlich erscheint ein Heft im Umfang von 1—2 Bogen; der Bezugspreis für den Jahrgang beträgt 15 Mark.

Das erste Heft wird als Probeheft von jeder Buchhandlung oder vom Verlag kostenfrei geliefert.

Druck von Anton Kämpfe in Jena.

VERLAG VON GUSTAV FISCHER IN JENA.

Die Zelle der Bakterien. Vergleichende und kritische Zusammenfassung unseres Wissens über die Bakterienzelle. Für Botaniker, Zoologen und Bakteriologen. Von Dr. **Arthur Meyer,** o. Professor der Botanik und Direktor des botanischen Gartens und des botanischen Instituts der Universität Marburg. Mit 1 chromolithographischen Tafel und 34 Abbildungen im Texte. 1912. Preis: 12 Mark, geb. 13 Mark.

Inhalt: I. Vorrede. — II. Die Umgrenzung der Eubakterien und die zu den Eubakterien zu rechnenden Gattungen. — III. Die Stellung der Eubakterien im Organismenreiche. — IV. Die Zelle der Bakterien. 1. Die Größe der Bakterienzelle. 2. Allgemeines über den Bau der Bakterienzelle. 3. Der Zellkern. Historisches. Eigene Beobachtungen. 4. Das Zytoplasma. 5. Die Plasmodesmen. Allgemeines. Die Plasmodesmen der Bakterien. 6. Die Geißeln. Allgemeines. Die Geißeln der Bakterien. 7. Die Membran der Zellfäden, Oidien und Sporangien. Morphologie und Biologie der Membran. Die Chemie der Membran der Bakterien. 8. Die Zellsaftvakuole mit der sie umschließenden Vakuolenwand und andere Vakuolen. 9. Allgemeines über die organischen Reservestoffe. 10. Die Reservestoffkohlehydrate der Bakterien. Das Glykogen und das Iogen. Makrochemie der Kohlehydrate. Vorkommen des Glykogens und Iogens bei den Bakterien. 11. Die Fette. Die Reservefette der höheren Pflanzen und der Pilze. Das Fett der Bakterien in chemischer Beziehung. Eigenschaften der Fettropfen der Bakterien. 12. Das Reserveeiweiß im weitesten Sinne, besonders das Volutin. 13. Die Schwefeleinschlüsse. 14. Der im Zytoplasma liegende Farbstoff der Purpurbakterien. Die Farbe der Bakterien. Das spektroskopische Verhalten der Farbstoffe der Purpurbakterien. Beziehungen zwischen dem Farbstoffe und der Reizbewegung der Purpurbakterien. Ist der Farbstoff der Purpurbakterien ein Chromophyll?

Die Ungleichwertigkeit und das Widerspruchsvolle der über die Bakterienzelle handelnden Arbeiten machten es nötig, daß ein Gelehrter, welcher die nötigen botanischen und zoologischen Vorkenntnisse besitzt und sich selbst eingehend mit der Morphologie der Bakterienzelle beschäftigt hat, daran ging, eine Sichtung des spröden Materials vorzunehmen. Es ist auf diese Weise in dem vorliegenden Werk eine grundlegende kritische Darstellung über das Wesen der Bakterienzelle entstanden, die für die verschiedensten Kreise der Naturforscher von besonderem Werte sein wird.

Grundlinien der Pflanzen-Morphologie im Lichte der Paläontologie. Von Prof. Dr. **H. Potonié,** Vorsteher der Paläobotanischen Abteilung der Kgl. preuß. geologischen Landesanstalt. Mit 175 Abbildungen im Text. Zweite, stark erweiterte Auflage des Heftes: „Ein Blick in die Geschichte der botanischen Morphologie und die Perikaulom-Theorie." 1912. Preis: 7 Mark.

Aus dem Vorwort des Verfassers: Das Buch behandelt in seiner jetzigen Form nur Grundlegendes; für das Spezielle gibt es eine umfangreiche, treffliche Literatur.

Es ist aber nicht nur das Bestreben, die Gesamtbotanik in unserer Disziplin — also einschließlich der Paläobotanik — reden zu lassen, das mich zu einer eingehenden Beschäftigung mit unserem Gegenstande veranlaßt hat, sondern ausgegangen ist mein Nachdenken über morphologische Probleme von der in ihr herrschenden Unlogik, die beseitigen zu helfen, meine ursprügliche Absicht war, eine Unlogik, die darin ihre Nahrung fand und findet, widerspruchsvoll auf der einen Seite in der Bahn der kritischen naturwissenschaftlichen Forschung mit ihren relativen Begriffen zu verfahren, auf der andern aber absolute Begriffe aufzunehmen.

Die Pflanzengallen (Cecidien) Mittel- und Nordeuropas, ihre Erreger und Biologie und Bestimmungstabellen. Von Dr. **H. Roß,** Konservator am Kgl. Botan. Museum in München. Mit 233 Figuren auf 10 Tafeln nach der Natur gezeichnet von Dr. **G. Dunzinger,** München, und 24 Abbildungen im Text. 1911. Preis: 9 Mark.

Die Vielseitigkeit der Gallenkunde bringt es mit sich, daß sie für die auf den verschiedensten Gebieten Arbeitenden sowohl in wissenschaftlicher wie in praktischer Hinsicht von Wichtigkeit ist. Den zahlreichen Interessenten für die Gallenkunde wie den Botanikern, besonders Biologen und Phytopathologen, den Zoologen, vor allem Entomologen, den Forstleuten, Landwirten und Gärtnern sowie den Lehrern der Volks- und Mittelschulen wird hier zum ersten Male ein Buch dargeboten, das sowohl einen Überblick über die Gallenerreger und deren allgemeine Lebensverhältnisse bring, als auch die Möglichkeit darbietet, die in Mittel- und Nordeuropa bisher bekannten Cecidien zu bestimmen. Zum ersten Male werden auch hier die ausgeprägtesten, auffallendsten und verbreitetsten Pilzgallen zusammen mit den Tiergallen in den Bestimmungstabellen behandelt, eine vom biologischen und praktischen Standpunkte aus als bedingte Notwendigkeit.

Das in dem Buche behandelte geographische Gebiet umfaßt Deutschland, Österreich-Ungarn, Schweiz — die beiden letzteren mit Ausschluß der zum mediterranen Gebiet gehörenden Teile — Holland, Dänemark, Norwegen, Schweden und das westliche Rußland.

Druck von Aug. Kämpfe in Jena.